L'INSTABILITÉ DES ATELIERS

ET LA RÉSILIATION

DU CONTRAT DE TRAVAIL

THÈSE POUR LE DOCTORAT

L'ACTE PUBLIC SUR LES MATIÈRES CI-APRÈS

sera présenté et soutenu le mardi 26 janvier 1897,
à 1 heure.

PAR

Charles GANS

Avocat à la Cour d'appel.

Président : MM. PLANIOL, *professeur.*
Suffragants BEAUREGARD, *professeur.*
JAY, *agrégé.*

LAVAL
IMPRIMERIE E. JAMIN
8, rue Ricordaine, 8

1897

THÈSE

POUR

LE DOCTORAT

L'INSTABILITÉ DES ATELIERS

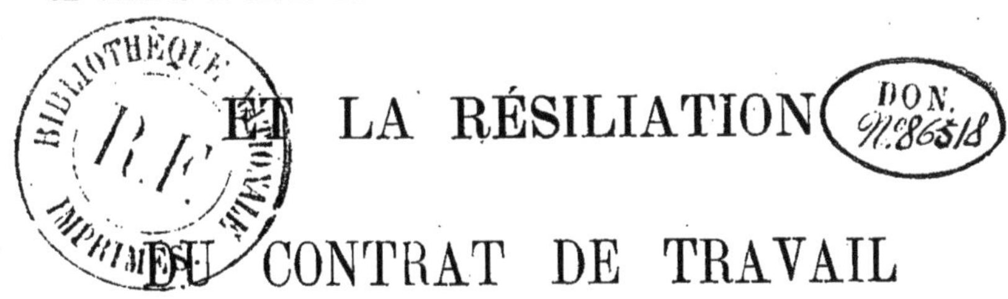

ET LA RÉSILIATION DU CONTRAT DE TRAVAIL

THÈSE POUR LE DOCTORAT

L'ACTE PUBLIC SUR LES MATIÈRES CI-APRÈS

*sera présenté et soutenu le mardi 26 janvier 1897,
à 1 heure.*

PAR

Charles GANS

Avocat à la Cour d'appel.

Président : MM. PLANIOL, *professeur.*
Suffragants { BEAUREGARD, *professeur.*
JAY, *agrégé.*

LAVAL
IMPRIMERIE E. JAMIN
8, rue Ricordaine, 8

1897

TABLE DES MATIÈRES

— *Erratum* —

Page 143. Ligne 16 :

Au lieu de : « Nous prétendons que l'abus suffit, même s'i
n'est pas préjudiciable. »

Lire : « Nous prétendons que l'abus suffit, même s'i
. . . . pas volontairement préjudiciable. »

INTRODUCTION

Le contrat de travail est la source de difficultés nombreuses et importantes ayant trait, soit à sa formation, soit à sa réglementation, soit à sa résiliation.

Cette dernière surtout, soulève de graves questions dont les véritables solutions n'ont pas encore été trouvées. On en est, en cette matière, à la période des essais et des expériences. Rien de définitif n'a été fait.

Pourquoi il en est ainsi, et dans quel sens devront être dirigés les efforts des législateurs, telles sont les questions auxquelles nous allons essayer de répondre.

Dans ce but, nous étudierons l'évolution de la question, évolution très régulière, d'ailleurs, et qui n'est pas encore terminée. Mais pour comprendre cette évolution, il faut suivre à travers l'histoire, non seulement les règles concernant la résiliation elle-même, mais le développement de ce que Le Play nommait l'*Instabilité des ateliers*, c'est-à-dire la tendance, tant des patrons que des employés, à résilier le contrat pour s'engager avec un tiers.

Nous montrerons cette tendance, ignorée par le moyen-âge, naissant au XVIe siècle, se manifestant plus franchement au XVIIe, et, favorisée au XVIIIe siècle, tant par le législateur que par les mœurs, ne cessant de croître malgré tous les obstacles qu'on lui opposa, dès que l'on comprit les dangers qu'elle présentait, jusqu'à constituer un véritable danger social, que le législateur contemporain s'efforce de combattre et doit essayer de vaincre.

Nous nous bornerons, autant que possible, et surtout pour les temps modernes, à l'étude de la résiliation du contrat fait sans détermination de durée.

Ce dernier mode est, aujourd'hui, le plus intéressant, tant à cause de sa fréquence, car il est presque exclusivement employé dans les contrats de louage de travail actuels, qu'à cause des difficultés qu'il présente en ce qui concerne sa résiliation.

Les autres formes du contrat sont, en effet, soumises à des règles beaucoup plus simples.

Le contrat dont la durée est déterminée, est soumis à toutes les règles du droit commun des contrats synallagmatiques. Il ne prend donc fin qu'à l'expiration du délai convenu, sauf le cas où l'une des parties ne satisfaisant pas à ses engagements, l'autre pourra demander la résiliation (art. 1184). Si l'un des contractants rompt le contrat de sa seule volonté, c'est-à-dire refuse de l'exécuter, il est passible des dommages-intérêts envers l'autre (art. 1142, C. civ.).

Le contrat fait pour une entreprise déterminée est soumis aux mêmes règles.

Mais lorsque le contrat est conclu sans détermination de durée, les difficultés sont grandes. L'employé s'engage, en effet, à travailler moyennant un salaire fixé à tant par période de temps ou par objet fabriqué, sans que soit déterminée la durée de l'engagement.

Or, il est évident que cette durée ne peut être égale à la vie de l'ouvrier, une telle stipulation, faite expressément ou tacitement, étant nulle. Il est non moins évident que l'on ne peut exiger le consentement simultané des deux parties : ce serait admettre le contrat à vie, puisque la volonté d'une des parties suffirait pour rendre l'engagement perpétuel. Il faut donc décider que le contrat sera résiliable en tous temps, par la volonté d'un seul des contractants.

Mais cette solution même soulève des difficultés importantes et d'autant plus nombreuses que, si le contrat fait sans détermination de durée est aujourd'hui la forme normale du louage de travail, la résiliation par la volonté d'une des parties est la forme la plus fréquente de la rupture.

CHAPITRE PREMIER

L'INSTABILITÉ IGNORÉE

La division des artisans en deux classes ne date que du XIII° siècle. Jusque-là, confondus sous le nom d'ouvriers, maîtres et varlets (1) différaient peu. Leur vie commune, l'espoir qu'avaient les varlets de devenir maîtres à leur tour, le souvenir qu'avaient les maîtres d'avoir été varlets et la possibilité pour eux de le redevenir si leur commerce ne prospérait pas, tout contribuait à les rapprocher.

Mais, au XIII° siècle, la maîtrise était devenue, en fait, presqu'inaccessible à tous autres qu'aux fils de maîtres. Ce fut l'origine d'une séparation progressive qui modifia profondément les rapports des salariés avec ceux qui les employaient.

Jusque-là, la plus parfaite stabilité avait été un des caractères dominants de ces rapports. Souvent, successivement apprenti, puis varlet dans le même atelier, le salarié y passait de longues années, et ne le quittait que pour devenir maître à son tour.

Son intérêt, d'ailleurs, le poussait à cette stabilité, car il

---

1. Jusqu'au XV° siècle, le salarié s'appelait varlet, aide, aloué de mestier et, dans quelques métiers, sergent (V. *Livre des Métiers*). Ce n'est qu'au XV° siècle qu'il prit le nom de compagnon.

eût difficilement trouvé, dans la même ville, un patron qui voulût le prendre, et le changement de ville l'eût empêché de devenir maître, l'exercice du métier étant, en général, interdit au travailleur étranger (1).

Mais lorsque le varlet eut perdu presque tout espoir d'atteindre à la maîtrise, il se décida plus facilement au changement. La séparation, d'ailleurs, augmentant peu à peu, devait devenir de l'antagonisme et, par suite, être la cause première de l'instabilité des travailleurs.

Mais ces conséquences furent lentes à se produire, grâce à la résistance que leur opposèrent l'organisation corporative et la rigueur des règlements des corporations.

Ces règlements avaient, en effet, prévu, prévenu et réprimé la tendance des maîtres et des varlets à se quitter, les uns les autres.

La plupart des statuts et ordonnances, même parmi les plus anciens, contiennent des dispositions punissant d'une amende, soit l'ouvrier qui quitte son maître avant l'expiration du temps convenu ou l'achèvement de l'ouvrage entrepris, soit le nouveau maître qui l'emploie dans ces conditions, soit l'un et l'autre.

Il en est même un, celui des fourbeeurs ou fourbisseurs de Paris qui, datant du XIIIe siècle, contient sur ce point la disposition suivante : « Item que nus mestres ne puisse donner congé à son valet se il ne treuve reson aperte por quoi il le doit fere, au dit et à l'esgard de quatre

---

1. Ce n'est qu'en 1584 qu'un édit de Henri III, qui souleva de nombreuses protestations, permit aux ouvriers de Lyon de faire leur apprentissage partout, avec la faculté, une fois reçus maîtres à Lyon, de s'établir dans tout le ressort du Parlement de Paris, sauf dans la capitale. Les maîtres reçus à Paris purent exercer leur industrie dans tout le royame, sauf dans le ressort du Parlement de Rouen.

mestres gardes du mestier et de deuz varletz du dit mestier (1). »

De plus, le contrat de travail est généralement fait pour une période déterminée, soit pour un jour, soit pour une année, ou pour une période plus longue. Pour pouvoir changer d'atelier, il faut que l'employé soit libéré de toutes dettes envers son patron, de tous services, et, au cas où il est engagé pour une période d'une année, qu'il prévienne un mois à l'avance.

Presque tous les statuts contiennent une disposition analogue à celle, ainsi conçue, que l'on trouve dans les statuts des chapéliers aumussiers :

« Que nul ne nulle ne pourra alouer varlet d'autrui jusques à ung mois près de la fin de son service, sur peine de XII sols d'amende et en payera autant le varlet comme le maître. » (2)

En général, il faut, en outre, que le varlet ait obtenu un congé d'acquit sans lequel le nouveau maître ne peut le recevoir. Quelquefois même, il faut, pour pouvoir quitter son maître, que le varlet ait obtenu de lui un consentement formel, sauf dans quelques cas limitativement désignés, voies de fait, non paiement des salaires, refus de donner de l'ouvrage pendant un certain nombre de jours.

Ces puissantes mesures préventives suffiraient pour expliquer pourquoi la modification des rapports entre maîtres et valets n'eut pas pour conséquence immédiate

1. Ordonnances rendues par le prévôt de Paris (Depping, p. 367).
2. L'ordonnance des Feseurs de Tapis sarazinois porte : « *Item*, il est établi que quand un valet est quitte de son mestre, il doit payer XII deniers a jurez du mestier de sa valeterie. »

Ainsi naquit entre autres, la Franc-Maçonnerie qui commença par être une confrérie puissante, intervenant dans les litiges entre maîtres et compagnons, pour les résoudre à l'amiable devant le Conseil des Frères.

C'est à cette époque que les varlets prirent le nom de *compagnons*.

Au XVI⁰ siècle, la séparation entre employeurs et employés est très profonde. Il est de plus en plus rare de voir un ouvrier passer maître. C'est ce que déclare le préambule d'un édit rendu au mois de décembre 1581 par le roi Henri III, et dont le but est de « donner ordre aux excessives dépenses que les pauvres artisans des villes jurées sont contraints de faire ordinairement pour obtenir le degré de maîtrise, contre la teneur des anciennes ordonnances, étant quelquefois un an et davantage à faire un chef-d'œuvre tel qu'il plaît aux jurés, lequel enfin est par eux trouvé mauvais et rompu, s'il n'y est remédié par les dits artisans avec infinis présents et banquets,..... n'étant par lesdits jurés reçus auxdites maîtrises que ceux qui ont plus d'argent et de moyens de faire des dons, présents et dépenses, encore qu'ils soient incapables au regard de beaucoup d'autres. »

Cet édit améliorait considérablement le sort des travailleurs en leur facilitant l'obtention de la maîtrise, mais il fut rapporté en 1597.

Aussi l'agitation s'accentue-t-elle et on sent poindre l'instabilité qui ne se manifestera réellement qu'au siècle suivant.

La cause en est tant dans la formation des associations de compagnonnage que dans l'apparition de la grande industrie.

Les compagnons se sentant de force à soutenir la lutte contre les patrons, grâce à leur union, s'agitaient fréquemment. Les grèves se multipliaient : celles des garçons boulangers de Paris sont nombreuses. Ils refusaient de s'engager pour six mois, comme le voulait le règlement, préférant être employés à la journée, afin de partir quand bon leur semblerait (1).

Les imprimeurs de Lyon délaisssaient souvent en masse leur ouvrage, si bien qu'une ordonnance de 1541 déclare (article 6) que « Lesdits compagnons continueront l'œuvre commencée et ne la lairront qu'elle ne soit parachevée et ne feront aucun *tric* qui est le mot pour lequel ils laissent l'œuvre. »

En 1589, au moment où Henri IV arrive au trône, les guerres civiles avaient produit, au point de vue qui nous occupe, des effets désastreux : « Les guerres civiles en partie sont cause que tous serviteurs, ouvriers et autres, ne rendent point l'honneur et l'obéissance qu'ils doivent à leurs maîtres, et, à faute de ce, les marchandises et manufactures ne sont faites comme elles doivent, attendu qu'à présent il n'y a nul devoir. »

Ainsi s'exprime Laffemas, dit Beausemblant dans son « Règlement général pour dresser les manufactures en ce royaume » et, plus loin il demande que : « Les compagnons et apprentis de mestres ne pourront abandonner le service de leurs mestres que le temps par eux promis de servir ne soit accomply, si ce n'est du gré et consentement des dits maistres, sur peine de l'amende en laquelle ils seront condamnés par les jurez de leurs mestiers. »

1. Levasseur, p. 77.

Ce sont des symptômes graves, et l'on sent poindre l'instabilité. Bientôt, en effet, elle se manifestera nettement, favorisée encore par la grande industrie, qui, à l'époque où nous sommes, vient de naître sous la forme de manufactures privilégiées, c'est-à-dire en dehors du système corporatif. Cette forme de production est le germe le plus fécond de l'Instabilité qui en sera la conséquence certaine et nécessaire.

CHAPITRE II

APPARITION DE L'INSTABILITÉ

Le XVIe siècle a vu naître les manufactures privilégiées, mais ce n'est qu'au XVIIe siècle que la grande industrie est véritablement installée en France, modifiant complètement les rapports entre ouvriers et patrons.

Jusque-là, malgré la séparation progressive des compagnons et des maîtres, leurs rapports forcés, continuels, avaient empêché la rupture d'être complète. Avec la grande industrie, cet obstacle disparaît. Le patron ne connaît pas, ou connaît peu tous ses ouvriers, qui ne le connaissent pas mieux.

Dès cette époque, en effet, les ouvriers sont nombreux dans chaque fabrique.

Et ce ne sont pas seulement les rapports entre ouvriers et patrons qui se modifient, mais aussi ceux de l'ouvrier avec son travail. Il faisait autrefois un objet, il ne fait plus qu'une pièce. Le travail est extrêmement divisé.

C'est ainsi que la manufacture Van Robais, au XVIIe siècle, comprend trois ateliers contenant chacun un grand nombre d'ouvriers. Le nombre total de ces ouvriers est de 1692. Dans chaque atelier, les laines passent successivement par les mains des laveurs, des teinturiers, des éplucheurs, des cardeurs, des drousseurs, des repasseurs et repasseuses, des fileuses, des bobineuses, des gratteuses, des épinseuse s et des brodeurs.

De sorte que l'ouvrier n'est plus un artisan. C'est une machine produisant un travail, toujours le même. Il n'est plus attaché ni à son atelier, ni à son patron, ni à son travail, et il est évident que, pour le moindre motif, il se décidera à abandonner tout cela.

Aussi devient-il de plus en plus nomade.

Tout contribue, d'ailleurs, à encourager cette tendance. Le nombre des emplois offerts aux travailleurs augmente et rend le changement plus facile. Les compagnonnages et autres sociétés secrètes deviennent, en ce milieu favorable que sont les agglomérations d'ouvriers, de plus en plus puissants. L'esprit d'indépendance croît sans cesse : les grèves sont fréquentes (1), les abandons individuels ou collectifs des ateliers ne le sont pas moins.

Les maîtres, d'autre part, renvoient plus facilement leurs ouvriers. Aussi les règlements sont-ils sévères à l'égard des uns et des autres. C'est ainsi que le « règlement concernant le commerce, art et fabrique de draps qui se font dans la ville et faubourg de Lyon et dans tout le pays lyonnais (2) » décide, par son article 41, que : « Les maîtres du dit état qui prendront des compagnons pour travailler seront tenus de sçavoir si les maistres d'où ils sont sortis en sont contents » et, article 42 : « Si un maître donne congé à un ou-

1. Les principales sont celles des toiliers de Caen, qui demandent une augmentation de salaires, des drapiers de Darnetal près Rouen qui demandent l'exclusion de quiconque n'est pas de leur société, des compagnons chapeliers de Paris.

2. Il est de 1667. V. aussi le règlement semblable pour Paris, art. 33 et 34.

vrier, il sera tenu de l'avertir un mois auparavant, aussi le dit ouvrier ne pourra aller travailler chez un autre maître sans avertir au préalable un mois pareillement. Et sera tenu le dit ouvrier d'achever la pièce d'ouvrage qu'il aura montée ou commencée, quelque temps qu'elle dure, à peine de vingt livres d'amende. Toutefois, en cas d'insuffisance du dit ouvrier, pourra le dit maître le mettre dehors quand bon luy semblera. »

Les directeurs de manufactures, qui ne sont plus enfermés dans les liens étroits des statuts et règlements corporatifs engagent qui ils veulent, et autant d'ouvriers qu'ils veulent. Leur production est encore règlementée mais non limitée. Le régime du contrat de travail existe véritablement à cette époque.

À côté de la grande industrie subsistent les corporations. très nombreuses, qui, malgré leurs règlements très rigoureux, malgré le nombre restreint des emplois qu'elles offrent à leurs ouvriers, commencent à être atteintes par l'instabilité.

C'est en vain qu'elles résistent en augmentant la sévérité de leurs règlements. Les teinturiers de fil et les bonnetiers de Paris, par exemple, exigent du maître et du compagnon qu'ils donnent congé par écrit, un mois à l'avance : « Si un maître veut donner congé à un compagnon, il sera tenu de l'avertir par écrit, un mois auparavant et si le dit compagnon veut sortir, sera même avertissement. Toutefois, en cas d'insuffisance du dit compagnon, pourra le maître le mettre dehors huitaine après l'en avoir averti (1). »

1. Ordonnance du 13 août 1669 confirmant les statuts et règlements pour les teinturiers en soyes, laine et fil du mois d'août 1667, art. 91. *Rec. des Règl.*, I, p. 368.

Mais, tous ces obstacles, toutes ces précautions sont vains. Les abandons brusques, les désertions individuelles ou collectives des ateliers sont fréquents, grâce aux sociétés de compagnonnage dont la puissance est telle que les patrons les craignent et n'osent leur résister. Elles « ruinent les maîtres, vidant leurs boutiques de serviteurs quand quelqu'un de leur cabale se plaint d'avoir reçu bravade. » Elles « manquent souvent au serment qu'ils font de garder fidélité aux maistres, ne travaillant que selon les besoins qu'ils en ont et les ruinans souvent par leurs pratiques (1) ». Elles s'attaquent même aux ouvriers et « injurient et persécutent les pauvres garçons de mestier qui ne sont pas de leur cabale (2). »

Au XVIIIe siècle, ces désordres augmentent encore.

Les progrès de l'industrie rendent le nombre des salariés de jour en jour plus considérable et, parallèlement, croissent l'antagonisme entre les deux classes et l'insubordination des ouvriers. L'agitation est perpétuelle : « Il y a peut-être à Paris 4.000 ouvriers en bas. Ils ont menacé de coups de bâton ceux d'entre eux qui prendraient du travail à moindre prix et ils ont promis un écu par jour à ceux qui ne pourraient vivre sans cela (3). »

Cette agitation se manifestait soit par des grèves (4), soit

1. « Sommaire des pratiques impies, sacrilèges et superstitieuses qui se font par les compagnons selliers, cordonniers, tailleurs, couteliers et chapeliers lorsqu'ils reçoivent compagnons qu'ils appellent du devoir », délibéré à Paris en la sacrée faculté de théologie le 14e jour de mars 1655.

2. *Ibid.*

3. *Journal de Barbier*, avril 1724, t. I, p. 206.

4. En 1724, grève des ouvriers papetiers du Dauphiné ; en 1727, grève des drapiers d'Amiens ; en 1744, grève des ouvriers en soies de Lyon.

par de nombreuses désertions d'atelier qui commençaient
à inspirer des craintes au gouvernement.

Les ouvriers des manufactures étaient les plus agités,
aussi le gouvernement essaie-t-il par une série d'ordonnances, de remettre en vigueur, pour la grande industrie,
la règle qui, dans certaines corporations, exigeait que le
congé fût précédé d'un avertissement donné huit jours auparavant : « Les compagnons ne pourront quitter les maîtres fabriquans chez lesquels ils travaillent qu'après les
avoir avertis huit jours auparavant et avoir fini l'ouvrage
qu'ils avaient commencé et laissé le métier sur lesquels ils
travaillaient, en bon état, et satisfait leurs maîtres de ce
qu'ils pourront leur avoir avancé comme aussi les maîtres
ne pourront les renvoyer qu'après leur avoir entièrement
payé leurs salaires. »

Mais ces mesures étaient insuffisantes. Il fallait agir énergiquement, soutenir les prescriptions par des sanctions
sévères.

La situation, en effet, était grave.

Non seulement l'ouvrier, comme au siècle précédent, et
plus fréquemment encore, abandonnait son maître, sans
motif, sur l'ordre du compagnonnage, mais une coutume
nouvelle s'était introduite dans les mœurs industrielles : les
patrons, qui n'étaient plus retenus par de vigoureux règlements, *débauchaient* souvent les ouvriers de leurs concur-
rents, c'est-à-dire les leur enlevaient soit pour connaître un
secret de fabrication soit seulement pour les priver des
services d'un ouvrier habile.

C'est contre ces habitudes que réagissent les Lettres Patentes du 2 janvier 1749 (1). Les moyens qu'elles emploient

1. Une ordonnance de 1739, spéciale aux ouvriers papetiers, punit
la désertion des ateliers d'une amende. Cette amende est mixte en

sont : l'exigence d'un congé écrit sous peine d'une amende pour l'ouvrier et pour le nouveau maître qui l'a accepté sans congé, et l'interdiction des confréries et compagnonnages. L'article premier est relatif au congé :

« Faisons très expresses inhibitions et défenses à tous compagnons et ouvriers employés dans les fabriques et manufactures de notre royaume, de quelque espèce qu'elles soient de les quitter pour aller travailler ailleurs, sans avoir obtenu un congé exprès et par écrit de leurs maîtres à peine contre lesdits compagnons et ouvriers de 100 livres d'amende au paiement desquels ils seront contraints par corps. »

Mais il fallait prévoir le cas où les promesses faites à l'ouvrier par un nouveau patron seraient suffisantes pour que l'ouvrier pût se résoudre facilement à payer les 100 livres. Aussi l'article 4 inflige-t-il à ces nouveaux patrons une amende de 300 livres, et, en plus, des dommages-intérêts envers le maître abandonné brusquement.

Toutefois, il y a des cas où l'ouvrier a, pour quitter l'atelier, une cause légitime. Aussi l'article 2 lui donne-t-il un moyen d'obtenir son congé malgré le maître :

« Pourront néanmoins les dits compagnons et ouvriers, dans le cas où ils ne seraient pas payés de leurs salaires par leurs maîtres et qu'ils essuieraient de mauvais traitements, qu'ils les laisseraient sans ouvrage ou pour d'autres causes légitimes se pourvoir devant les juges de police des lieux, pour en obtenir, si le cas y échet, un billet de congé qui ne pourra leur être délivré en aucun cas qu'ils n'aient achevé

ce sens qu'elle est, pour partie, représentative de dommages-intérêts envers le patron abandonné. C'est là première apparition des dommages-intérêts en cette matière.

les ouvrages qu'ils auront commencés chez leurs maîtres et acquitté les avances qui auront pu leur avoir été faites. »

L'article 3 est dirigé contre les confréries et compagnonnages qui permettaient aux ouvriers de se concerter pour refuser le travail et imposer aux maîtres leurs conditions :

« Faisons défense à tous compagnons et ouvriers de s'assembler en corps, sous prétexte de confrérie ou autrement, de cabaler entre eux pour se placer les uns les autres chez des maîtres ou pour en sortir, ni d'empêcher de quelque manière que ce soit les dits maîtres de choisir eux-mêmes leurs ouvriers soit français ou étrangers, à peine de 100 livres d'amende. »

Ces mesures étaient très rigoureuses pour les ouvriers qui étaient soumis à de sévères sanctions, et n'avaient, d'autre part, aucune garantie contre leurs maîtres. C'est, du reste, le caractère de la législation de cette époque de considérer la règlementation du travail comme une affaire, non de droit civil, mais de police.

Malgré les sévères sanctions qu'elles édictaient, les Lettres patentes eurent peu de résultat et, en **1776**, un édit dut être promulgué sur le même sujet. Il interdit aux compagnons de quitter leurs maîtres sans les avoir avertis et avoir obtenu d'eux un certificat de congé où le maître devait rendre compte de la conduite et du travail de son ouvrier. Il défend, par contre, aux maîtres de refuser le certificat sous quelque prétexte que ce soit après le temps de l'avertissement expiré. « **Dans** le cas de refus, les gardes, syndics ou adjoints, ou à leur refus le lieutenant général de police peuvent, après avoir entendu le maître, délivrer aux compagnons une permission d'entrer chez un autre maître (1). »

1. Merlin, *Rép.,* v⁰ *Compagnons.*   2

Ces mesures restèrent sans résultat. L'agitation augmentait toujours : « La plupart des ouvriers et manœuvres qu'on emploie à Paris et dans les grandes villes, dit des Essarts, sont des voyageurs et des émigrants, incertains du lieu qu'ils doivent choisir pour y fixer leur demeure. » Ces nomades étaient dangereux. Tous faisaient partie d'un compagnonnage et, forts de leur solidarité, imposaient leurs volontés aux patrons. Pour cela, ils avaient une arme puissante : l'interdiction des ateliers, mesure dont les patrons avaient grand peur, ainsi qu'en témoigne une lettre officielle de 1783 : « Les ouvriers papetiers, y est-il dit, s'érigent en tyrans de leurs maîtres, et, non contents de les vexer par des amendes arbitraires qu'ils leur imposent, sous le plus léger prétexte, et que ceux-ci sont, en quelque sorte, contraints de payer pour préserver leurs ateliers de la désertion, ils font des pactes entre eux, en vertu desquels ils condamnent à l'inaction une fabrique qui leur a déplu. »

La police réagissait vigoureusement contre ces tendances. Elle arrêtait et emprisonnait les ouvriers qui quittaient leurs maîtres sans congé régulier. Elle poursuivait les compagnons qui cherchaient à débaucher les travailleurs sédentaires. Elle exigeait rigoureusement le livret créé par les Lettres patentes de 1749 (1), et l'inscription à la police du livret et de l'extrait de baptême.

Malgré cela, les « Lettres patentes, pour entretenir la subordination parmi les ouvriers des pays manufacturiers », édictées le 2 janvier 1781, montrent que l'instabilité ne cesse de se développer, et que toutes les mesures antérieures sont restées sans résultat.

1. Ce qui concerne le livret sera étudié plus loin.

Les articles 2 et 3, relatifs à la rupture du contrat, prévoient le cas où l'engagement est fait pour une durée déterminée et celui où il n'a pas de terme fixe, et règlementent les conditions dans lesquelles, pour chacun de ces cas, la résiliation pourra avoir lieu.

Article 2 : « Les conventions qui auront été faites entre les maîtres et les ouvriers seront fidèlement exécutées et, en conséquence, lesdits maîtres ne pourront renvoyer leurs ouvriers, ni les ouvriers quitter leurs maîtres avant le terme fixé par lesdits engagements, *s'il n'y a cause légitime.* »

Article 3 : « Dans le cas où lesdits engagements n'auront pas de terme fixe, les ouvriers ne pourront quitter les maîtres chez lesquels ils travaillent, qu'après avoir achevé les ouvrages qu'ils auront commencés, avoir remboursé les avances qui auront pû leur être faites, et avoir averti les maîtres huit jours auparavant. »

L'article 4 semble être une satisfaction donnée aux ouvriers, en imposant aux maîtres l'obligation de leur délivrer un congé lorsqu'ils se seront conformés aux dispositions précédentes. Mais, en réalité, il contient une nouvelle obligation pour les ouvriers : celle d'être porteur d'un *livre* permettant à la police de les surveiller plus facilement.

Article 4 : « Lorsque les ouvriers... à défaut de terme convenu entre eux et leurs maîtres se seront conformés à ce qui est prescrit par l'article précédent, les maîtres seront tenus de leur délivrer un billet de congé dont le modèle demeurera annexé à nos présentes lettres et, si le maître ne sait pas signer, le billet de congé sera délivré à l'ouvrier, du consentement du maître, par le juge de police. Voulons que lesdits ouvriers aient un livre ou cahier sur lequel seront portés successivement les différents certificats qui leur seront délivrés par les maîtres chez lesquels ils auront travaillé, ou par les juges de police qui ne pourront audit cas exiger aucuns honoraires ni frais d'expédition. » L'inefficacité de toutes ces mesures montre que l'instabilité dont les rigoureuses mesures préventives des règlements corporatifs n'avaient pu empêcher l'apparition, n'a pas cessé de croître depuis lors. Tout, d'ailleurs, facilitait son développement. L'antagonisme croissait sans cesse entre patrons et ouvriers qui s'étaient peu à peu divisés en deux classes, différentes de tous points. En la société toute aristocratique de l'ancien régime, les patrons formaient une aristocratie bourgeoise, plus séparée de la classe ouvrière que de l'aristocratie de naissance. Les industriels étaient puissants, et le gouvernement avait, pour eux, des égards. Aussi toutes les mesures édictées par les ordonnances et les édits sont-elles prises contre les ouvriers, auxquels des obligations sont imposées, généralement sans réciprocité. Pour arriver à obtenir les droits correspondant à ces obligations, ils usaient du seul moyen qui fût en leur pouvoir, l'association, et, forts de leur union, ils s'efforçaient d'imposer à leurs maîtres ce que la loi ne leur accordait pas. Leurs armes les plus efficaces étaient la grève et la désertion des ateliers. Ils en usaient largement.

Le principe de l'ancien régime, c'est de maîtriser les ouvriers, de les tenir rigoureusement ; son moyen principal est de considérer tout ce qui les concerne comme affaire de police.

CHAPITRE III

L'INSTABILITÉ FAVORISÉE

Avec la Révolution, de nouveaux principes paraissent.

Le système d'organisation industrielle de cette époque est basé sur un principe écrit dans l' « Exposition raisonnée des droits de l'homme et du citoyen » et lu par Sieyès au comité de constitution le 21 juillet 1789. « La propriété de la personne est le premier des droits.... De ce droit primitif découle la propriété des actions et celle du travail, car le travail n'est que l'usage utile de ses facultés. »

La liberté et l'égalité du contrat de travail, tels sont le principe et le but de la législation de cette époque.

C'est en vertu de ce principe que, le 15 février 1791, fut soumis à l'Assemblée nationale un projet, créant l'impôt de la patente, et supprimant les jurandes et les corporations « que votre sagesse doit anéantir par cela seul qu'elles sont des privilèges exclusifs » et qui « exercèrent leur funeste influence jusqu'au temps où un Turgot parut. Il éclaira le roi un moment, et un moment ces abus disparurent. Ils se relevèrent bientôt... Il nous reste à effacer les derniers vestiges de la servitude (1). »

1. Loi du 17 mars 1791. Rapport du député Dallarde.

Donc, liberté absolue, tel est le principe.

Cependant, son application n'était pas sans souffrir quelques exceptions, et pour certaines industries, la règlementation était aussi sévère qu'autrefois, mais les obligations des ouvriers et des patrons y étaient, en général, réciproques.

Les papeteries, par exemple, avaient une législation spéciale et sévère, qui s'explique par ce double fait, que l'État était, depuis le début du XVIIIᵉ siècle, le principal patron papetier, et que, la consommation en étant très grande, le papier manquait.

Aussi la Convention rendit-elle, le 24 nivôse an II, un décret destiné à retenir les ouvriers dans leurs ateliers. L'article 7 de ce décret défend à tout ouvrier papetier de quitter l'atelier dans lequel il travaille, sans en avoir prévenu l'entrepreneur devant deux témoins et six semaines d'avance. D'autre part, l'entrepreneur ne peut congédier un ouvrier sans observer les mêmes formalités, sauf pour cause de négligence ou d'inconduite. Encore faut-il que la réalité de ces motifs soit constatée par la municipalité du lieu.

L'article 8 était sans doute destiné à empêcher les ouvriers d'abandonner les manufactures de l'État pour celles des particuliers : « Nul ouvrier ne pourra passer d'une « manufacture à l'autre, sans un passeport signé par les « représentants du peuple près lesdites manufactures dans « lesquelles se fabrique le papier assignat, et, dans les « autres, par la municipalité, et visé par l'administration « du district. »

Un arrêté rendu par le Directoire, le 16 fructidor an IV, est encore plus sévère. Il exige un délai de prévenance de quatre décades, quelle que soit la partie qui donne congé et sous peine de dommages-intérêts et d'une amende. Les mêmes peines sont infligées à celui qui engage un ouvrier non porteur d'un congé. Pour ce dernier, et pour l'ouvrier, les dommages-intérêts qu'ils ont à payer sont d'une somme fixe, égale à l'amende.

« Nul ouvrier papetier ne pourra quitter l'atelier dans
« lequel il travaille pour aller dans un autre sans avoir
« prévenu l'entrepreneur devant deux témoins, quatre dé-
« cades d'avance, à peine de 100 livres d'amende payables
« par corps contre l'ouvrier, et de 300 livres contre l'entre-
« preneur qui recevrait dans son atelier et engagerait un
« ouvrier qu'il ne lui ait représenté le congé par écrit du
« dernier fabricant chez lequel il aura travaillé, ou du juge
« de paix du lieu, en cas de refus mal fondé de la part du
« fabricant.

« Ces amendes seront appliquées moitié à la République,
« et moitié au profit des fabricants que les ouvriers auraient
« quittés sans congé.

« Seront tenus aussi les fabricants d'avertir les ouvriers
« en présence de deux témoins, quatre décades avant de
« les renvoyer, à peine de leur payer leurs gages et nour-
« riture pendant ce terme, sauf le cas de négligence ou
« d'inconduite dûment constatées. »

En dehors de ces exceptions, la liberté absolue règne, aussi le désordre est il bientôt grand. Le 16 messidor an IV, une pétition fut adressée au Directoire par « les entre-preneurs des filatures mécaniques de coton de Saint-Lubin, Saint-Rémy et Nonnancourt dans les départements de l'Eure, et d'Eure-et-Loir (1). »

1. *Journal des Arts et Manufactures*, t. III (an IV), p. 412.

« La désertion appauvrit les ateliers. Les ouvriers n'admettent plus, dans les départements, qu'un seul signe représentatif de leur travail, le signe métallique. Les principes de découragement, les éléments de destruction qui attaquent les manufactures sont le résultat de l'insubordination et du vagabondage des ouvriers et de l'absence des réglements (très conciliables avec un régime libre) qui devraient les attacher à leurs travaux comme on l'est à ses devoirs envers l'État. »

Un tel règlement n'était guère possible dans un régime basé sur la liberté et sur l'égalité, dans une législation dont la première manifestation avait été la Déclaration des Droits de l'Homme.

Cependant les plaintes devenaient générales, le désordre dangereux. Il fallait faire quelque chose.

Et, en fructidor an IX, fut élaboré un projet de loi relative aux manufactures et aux gens de travail de toutes professions (1) qui essaie de résoudre la question tout en ne portant pas atteinte aux principes de liberté. Dans ce but, il donne force de loi aux règlements élaborés par les manufacturiers. Il contient une disposition qui montre quelle réaction s'était opérée dans les esprits, en faveur des ouvriers, et contre les employeurs. L'article 14 donne en effet aux ouvriers le droit d'obtenir, en cas de renvoi brusque, une indemnité, droit qui n'appartient pas, dans le cas contraire, au patron :

Article 14. « Les ouvriers ne peuvent quitter ceux avec « lesquels ils ont pris des engagements avant le terme fixé « par ces engagements.

1. Ce document a été retrouvé et publié par M. Sauzet. *Rev. d'Éc pol.* 1892.

« S'ils sont renvoyés avant ce terme, sans cause légi-
« time, ils ont droit à une indemnité qui est, en cas de con-
« testation, fixée par le juge de paix. »

L'article 15 est relatif aux règlements d'atelier.

« Les manufacturiers, les fabricants, les entrepreneurs
« et généralement tous ceux qui, sous quelque détermina-
« tion que ce soit, font travailler des ouvriers, ont le droit
« de déterminer par des règlements particuliers les condi-
« tions auxquelles ils admettent à travailler et l'ordre qu'ils
« veulent faire observer dans le travail. »

L'article 16 donne force de loi à ces règlements :

Article 16. « Un règlement de ce genre devient obliga-
« toire pour l'ouvrier par le fait seul de l'acceptation du
« travail, sans préjudice néanmoins des conventions par-
« ticulières qui doivent toujours avoir leur plein et entier
« effet. Les contestations auxquelles elles donnent lieu sont
« portées devant le juge de paix. »

Ce projet n'eût, malheureusement pas de suite, et le
besoin d'une législation se faisait de plus en plus sentir.

Aussi, le 22 germinal au XI. fut promulguée une *loi relative aux manufactures, fabriques et ateliers.*

L'exposé des motifs, par le conseiller d'État Regnault
de Saint-Jean-d'Angely, montre bien l'esprit du législateur
de cette époque qui, tout en comprenant la nécessité de
réglementer le travail industriel, n'osait le faire, craignant
de sembler porter atteinte à la liberté :

« L'intérêt personnel doit être surveillé par le déposi-
« taire de l'intérêt de tous. Il a besoin de régulateur, soit
« lorsqu'il donne ou demande, soit qu'il obtienne ou pro-
« duise du travail. Il a besoin de régulateur, soit qu'il
« achète le temps du père de famille qui sait un métier,

« soit qu'il achète le temps du jeune homme qui veut l'ap-
« prendre. »

Il constate que depuis 1791, date de la suppression définitive des corporations, « c'est avec la jouissance de la liberté la plus absolue, mais aussi au sein de beaucoup de
désordres et d'abus que les manufactures ont travaillé, que
les métiers ont été exercés ».

Il passe ensuite à la description de l'état actuel : « La li
berté eut jadis trop d'entraves ; depuis, la licence a été sans
bornes.

« Tout fut soumis à des règles trop étroites, tout a été laissé
à un arbitraire trop absolu ».

Après un tel réquisitoire, on s'attend à voir proposer des
mesures énergiques. Et, en effet, il étudie « ce qui est convenable à l'état actuel ».

« On pouvait..... proposer de réformer en Communauté
les individus de chaque profession et les soumettre à des
règlements..... on pouvait, enfin, comme en 1776 exiger
leur enregistrement à la police et leur agrégation par quar-
tiers.....

« On pouvait créér des syndics pour enregistrer 1° ceux qui
emploient des ouvriers, 2° les ouvriers eux-mêmes ».

Certes, on aurait pu faire tout cela si on avait osé, mais
cela eût été bien dangereux. Toutes ces mesures, rappelant
l'ancien régime, qui les avait créées, eussent été odieuses.
Aucun ouvrier n'aurait consenti à se soumettre à cet enregistrement, soit à la police, soit auprès des syndics, et
ces mesures auraient été inefficaces parce que trop énergiques.

Aussi la conclusion du rapport n'est-elle point du tout
celle qu'on serait en droit d'attendre. L'orateur déclare qu'il

est impossible de rien faire pour le moment. Il faut, avant d'agir, avoir l'opinion des négociants, et, dans ce but, créer des chambres consultatives de manufactures chargées de donner leur avis.

Néanmoins il propose certaines dispositions moins énergiques et tendant à refréner ce vagabondage dont tout le monde se plaint, sans porter atteinte au principe de la liberté individuelle. De ces deux préoccupations opposées naît une loi dont les dispositions sont presque contradictoires entre elles. Si, en effet, elle tente de supprimer le vagabondage par l'exigence d'un livret ou d'un certificat de congé, elle encourage d'autre part l'instabilité.

En effet, si l'article 12 déclare que : « Nul ne pourra, sous peine de dommages-intérêts envers le premier maître, recevoir un ouvrier s'il n'est pas porteur d'un livret portant le certificat d'acquit de ses engagements, délivré par celui de chez qui il sort. » Si l'article 14 ajoute que : « Les conventions faites de bonne foi entre les ouvriers et ceux qui les emploient seront exécutées » l'article 15, au contraire, s'il ne favorise pas l'employé nomade, encourage certainement à l'instabilité. Il décide, en effet, que « l'engagement d'un ouvrier ne pourra excéder un an, à moins qu'il ne soit contre-maître, conducteur des autres ouvriers, ou qu'il n'ait un traitement et des conditions stipulés par un acte exprès ».

De sorte que, quelles qu'aient été les conventions conclues entre un patron et un salarié, si ce dernier est un simple ouvrier, les deux parties ne peuvent rester liées que pour un an, au maximum, sauf à faire un nouveau contrat.

Le législateur n'a donc pas atteint le but qu'il visait, et on ne saurait le lui reprocher, car il était contraint de faire des concessions à l'état d'esprit de son époque, et de respecter, aussi pleinement que possible, la liberté individuelle.

D'ailleurs cet article 15 ne fut pas appliqué, en pratique. Une seule fois il fut invoqué, et ce fut par la préfecture de police, en 1843, dans les circonstances suivantes :

Un manufacturier, M. Leclaire, avait, en 1838, obtenu l'autorisation de fonder une Société de secours mutuels pour ses ouvriers. En 1842, il voulut organiser, dans son atelier, le système de la participation des ouvriers aux bénéfices. Dans ce but, il demanda au préfet de police l'autorisation de réunir ses ouvriers pour les entretenir de son projet.

L'autorisation fut refusée.

En 1843, nouvelle demande, et nouveau refus sur un rapport qui invoquait les motifs suivants à l'appui de ses conclusions : « L'ouvrier doit rester entièrement libre de fixer et régler son salaire. Il ne doit pas pactiser avec le maître et c'est à quoi le sieur Leclaire vise aujourd'hui..... Les autorisations nous paraissent devoir être refusées, surtout si on considère que, par l'association aux bénéfices, l'ouvrier s'engage avec le maître au-delà d'une année, ce qui lui est défendu par l'article 15 de la loi du 22 germinal an XI ».

En cas de litiges entre ouvriers et fabricants, l'article 19 Titre V) de la loi de l'an XI donne compétence, en matière de simple police, au préfet de police à Paris, aux commissaires généraux de police dans les villes où il y en a d'établis, et, dans les autres lieux, au maire ou aux adjoints, prononçant sans appel. Telles sont donc les juridictions compétentes en matière de congé (1).

1. C'est en vertu de cet article que la Cour de cassation a rendu,

La loi de l'an XI fut suivie le 9 frimaire an XII d'un arrêté qui la complète en exigeant plus rigoureusement le livret et en faisant de ce livret une mesure permettant à la police d'exercer sur les ouvriers une surveillance étroite.

Article 1er. « A compter de la publication du présent arrêté, tout ouvrier travaillant en qualité de compagnon ou de garçon devra se pourvoir d'un livret ».

L'article 3 est dirigé contre les *nomades*. Il punit ceux qui voyageront sans livret des peines édictées contre les vagabonds, peines extrêmement rigoureuses : « L'ouvrier sera « tenu de faire viser son dernier congé par le maire ou son « adjoint et de faire indiquer le lieu où il se propose de se « rendre. Tout ouvrier qui voyagerait sans être muni d'un « livret sera réputé vagabond et pourra être arrêté et puni « comme tel ».

Enfin l'article 6 est une satisfaction donnée aux ouvriers. Il oblige le patron à délivrer le congé ou le livret à l'ouvrier qui a satisfait à ses engagements.

« Si la personne qui a occupé l'ouvrier refuse sans motifs « légitimes de remettre le livret ou de délivrer le congé, « il sera procédé contre elle de la manière et suivant le « mode établi par le titre V de la loi de germinal. En cas « de condamnation, les dommages-intérêts adjugés à l'ou- « vrier, seront payés sur le champ ».

Les sanctions édictées pour le cas de rupture du contrat sont :

1° Une peine civile pour le patron qui engage un ouvrier sans exiger le certificat du congé.

le 23 juin 1812, un arrêt décidant (S. 1813. 1. 136) : que les contestations qui s'élèvent en matière de congés dus aux ouvriers ou mal à propos exigés d'eux sont de la compétence exclusive de la police administrative. Les tribunaux ne peuvent en connaître.

2° Le droit pour le patron de se faire payer en travail ce que l'ouvrier lui doit, soit pour des avances soit pour ce qui reste à courir d'un engagement *ad tempus.*

3° Le droit de rétention du livret, donné au patron, et qui lui permet de violer impunément l'article 15 de la loi de Germinal an XI.

Le code civil

Comme le législateur de l'an XI, celui du Code civil semble craindre les engagements de trop longue durée. Cela paraît résulter de l'unique article que le Code ait consacré au louage des ouvriers, l'article 1780 : « On ne peut engager ses services qu'à temps ou pour une entreprise déterminée. »

Telle est l'unique disposition que contienne la loi, disposition qui est plutôt une déclaration de principes qu'une réglementation du contrat de travail.

De ce silence du Code sur une question aussi importante, il a été donné des explications nombreuses et très diverses.

La plus simple est celle qui considère ce silence comme un oubli. Un tel oubli semble, au premier abord, difficilement explicable. Néanmoins cette hypothèse est confirmée par le silence de Pothier, qui, après avoir étudié longuement le louage de choses, effleure à peine la question du louage de travail. Or, le législateur du Code a suivi scrupuleusement Pothier. Aussi a-t-il, comme son modèle, après 70 articles consacrés au louage de choses, passé presque sous silence le louage de services.

Cette explication a l'avantage de la simplicité, mais elle semble démentie par les faits : le projet de l'an IX devait être connu du législateur du Code et, d'ailleurs, dans le projet primitif de 1803, le titre *du Louage* contenait un article qui fut supprimé dans la rédaction définitive, et qui était un essai de règlementation partielle du contrat de travail, c'était l'article 104 : « Si l'individu qui a loué ses services n'exécute pas son engagement, il est condamné aux dommages-intérêts, mais il ne peut-être contraint personnellement à l'exécution. »

Dans ces conditions l'oubli devient inexplicable. Mais il y a d'autres explications possibles :

« On a jugé inutile, dit Demante (1), d'entrer dans aucun détail sur la manière de former ou de résoudre le louage de travail ou de services, sur les obligations qui en résultent, enfin sur la preuve du contrat ou de sa résolution. Il est évident qu'il faut appliquer ici les règles communes à toutes les conventions, en les combinant avec les principes généraux du contrat de louage. et en ayant surtout égard aux usages locaux, ainsi qu'à la nature des travaux ou services, » L'opinion de M. Glasson est qu' « il ne « ne faut pas s'étonner du silence du Code. Tel qu'il existe « aujourd'hui, l'ouvrier, travailleur libre et indépendant, « est un homme tout nouveau dans notre Société. En « l'absence de précédents, à défaut de coutumes uniformes. « le Code civil a presque entièrement passé les ouvriers « sous silence » (2 .

C'est, sans doute, en combinant ces deux opinions qu'il est possible de trouver la véritable raison du silence du Code. Cette raison nous semble, pour les motifs que nous allons exposer, être : l'inutilité qu'aurait eue, aux yeux du

1. T. VII, p. 334.
2. M. Glasson, C. civ. et q. ouv.

législateur de 1804, une règlementation spéciale du contrat de louage de travail.

En ce qui concerne le contrat déterminant la durée de l'engagement, et le contrat à l'entreprise, ils étaient, comme ils le sont encore, soumis au droit commun des contrats synallagmatiques de faire, et régis par les articles 1135, 1159, 1160, 1142 (1).

L'intention du législateur de les soumettre au droit commun, semble prouvée par les faits suivants :

L'article 104 du projet de 1803, cité plus haut, devenu l'article 77 du projet amendé, avait été maintenu par la section de législation du Conseil d'Etat, qui en avait toutefois modifié la rédaction, lui donnant la forme suivante : « Si l'individu qui a loué ses services n'exécute pas son en-« gagement, il ne peut être contraint personnellement à « l'exécution, mais il est condamné aux dommages-inté-« rêts s'il y a lieu. Cette disposition est applicable au « maître à l'égard du domestique et de l'ouvrier. »

Cet article disparut dans la rédaction définitive du 25 février 1804.

Or, selon M. Glasson, cette suppression a eu lieu sur l'observation que cet article reproduisait les termes de l'article 1142 du Code civil. Cela semblerait démontrer que le législateur a jugé une règlementation spéciale inutile, le droit commun étant applicable.

Quant aux engagements à durée indéterminée, ils étaient fort peu usités. Pothier en fait à peine mention. Il déclare même que le contrat fixant une durée déterminée « est

1. « Il résulte du principe cette conséquence, dit le tribun *Mou ricault* dans le rapport cité plus loin, que l'engagement, s'il n'est pas exécuté, se résout en dommages-intérêts. »

« d'usage à l'égard des serviteurs, des campagnes et aussi
« dans les villes à l'égard des ouvriers » (1). La rareté de
ce mode de contrat explique le silence du Code qui pouvait
en laisser la règlementation aux conventions particulières,
et comme, d'autre part, le législateur entendait soumettre
l'engagement à durée déterminée au droit commun, il est
facile de comprendre pourquoi on ne trouve, dans le Code,
nulle règlementation du contrat de travail.

Mais alors pourquoi cet article 1780 ? Son but, ainsi que
le motif qui l'a fait insérer dans la loi, nous sont expli-
qués par le rapport fait au Tribunat par le tribun Mouri-
cault :

« A l'occasion du louage des domestiques et ouvriers, il
« était convenable de consacrer de nouveau le principe de
« la liberté individuelle. C'est ce qu'a fait le projet en sta-
« tuant qu'on ne peut engager ses services qu'à temps ou
« pour une entreprise déterminée » (2).

C'est-à-dire, sans doute, que le législateur, craignant
que le mot de louage d'ouvrage n'éveillât une idée de ser-

1. En ce qui concerne les domestique, Pothier donne des règles
toutes spéciales : « A l'égard de serviteurs qui louent leurs services
aux bourgeois des villes ou même à la campagne aux gentilshommes
pour le service de la personne du maître, quoiqu'ils les louent à
raison de tant par an, ils sont néanmoins censés ne les louer que
pour le temps qu'il plaira au maître de les avoir à son service. C'est
pourquoi le maître peut les renvoyer quand bon lui semble et sans
en dire la raison en leur payant le service jusqu'au jour qu'il les
renvoie. *Mais il ne leur est pas permis de quitter le service de leur
maître sans son congé et il doivent être condamnés à retourner ou
jusqu'au prochain terme auquel il est d'usage de louer les serviteurs
ou seulement jusqu'à ce que le maître ait le temps de se pourvoir
d'un autre serviteur*, lequel temps est limité par le juge. On doit à
cet égard suivre les différents usages des différents lieux. »
. 2. Fenet, t. XIV, p. 320.

vitude, s'empressa de prouver sa fidélité aux principes de la Révolution. De cette pensée naquit l'article 1780 qui signifie que le louage d'ouvrage ou de services ne ressemble en rien au servage puisqu'il n'est pas possible de s'engager à vie.

Tout, dans la genèse de l'art. 1780, montre cette préoccupation du législateur.

La première rédaction, qui était l'article 103 du projet présenté au Conseil d'Etat, porte seulement qu' « on ne peut engager ses services qu'à temps. » Le conseil d'Etat adopta cette rédaction.

Néanmoins, elle fut postérieurement modifiée et devint, sous le numéro 75, la rédaction actuelle.

Sous cette forme, l'article fut présenté par Galli, qui le commentait ainsi : « Il serait étrange qu'un domestique, « un ouvrier, pussent engager leurs services pour toute la « vie. *La condition d'homme libre abhorre toute espèce* « *d'esclavage.* (1) »

Aussi le contrat est-il nul, soit lorsqu'il est fait expressément pour toute la vie de l'ouvrier, soit lorsqu'il est fait pour un nombre d'années que la vie de l'ouvrier n'excédera probablement pas, ce qui permet au juge d'annuler les engagements à longue durée.

Cependant, peu après la promulgation du Code, les engagements à durée indéterminée commencèrent à être très usités, et bientôt, devinrent la forme ordinaire du contrat de travail.

Quelles règles fallait-il appliquer à ce nouveau contrat, dans le silence de la loi ? Plusieurs systèmes ont été proposés.

1. Locré, t. XIV, comm. VII, n° 19.

Selon l'un d'eux, les contrats sans détermination de durée auraient pour résultat un engagement à terme tacite, et ce terme serait déterminé par les usages constants des lieux (1) (art. 1160). D'autres auteurs, admettant cette première proposition, ajoutent qu'au cas où l'usage des lieux est muet sur ce point, le contrat peut être résilié en tous temps, sauf à celui qui veut résilier, à prévenir dans le délai fixé par cet usage (2). Selon une troisième opinion, le contrat à vie étant nul en vertu de l'article 1780, les parties doivent toujours pouvoir mettre fin au contrat qui serait par conséquent, un contrat perpétuel conclu sous condition résolutoire, et il y aurait lieu, en cas de rupture, à l'application de l'article 1184, c'est-à-dire qu'il faudrait nécessairement une action en justice fondée sur l'inexécution, par l'une des parties, de son engagement (3).

Il est évident que le contrat à vie étant nul, en vertu de l'article 1780, il faut que la volonté d'une des parties soit suffisante pour mettre fin à l'engagement, qui, sans cela, serait, en réalité, perpétuel.

Mais, cette volonté, dans quelles conditions, selon quelles règles pourra-t-elle se manifester ?

S'il existe un usage, local ou général, il sera souverain, l'article 1160 s'appliquant au contrat de travail comme à toute convention.

A défaut d'usage, les parties auront le droit, en tous temps, de se donner réciproquement congé, sans même observer de délai ; car, à défaut de ce droit, le contrat serait nul comme étant, ou pouvant être perpétuel. Ce droit

1. Demante, t. VII, p. 335.
2. M. Glasson.
3. Laurent, t. 25, p. 565.

est donc sous-entendu dans le contrat dont il est une condition tacite. Il n'a donc pas besoin, pour s'exercer, du concours de la justice.

Toutefois, il est un autre article qui doit être également appliqué, et qui modifie la solution donnée plus haut, c'est l'article 1135. en vertu duquel celle des parties qui aura, usant de son droit incontestable rompu le contrat, sera tenue, de dédommager l'autre du préjudice que la rupture lui aura fait subir (1).

Si, en effet, l'article 1382 n'est pas applicable ici, puisque le résiliant ne fait qu'user de son droit, l'article 1135 est applicable à la convention de louage de travail comme à toute autre : « Les conventions obligent non seulement à « ce qui y est exprimé, mais encore à toutes les suites que « l'équité, l'usage ou la loi donnent à l'obligation d'après « sa nature ».

Or, si la faculté de rupture unilatérale est une convention tacite du contrat, une autre convention tacite est que les parties ne se doivent causer réciproquement aucun préjudice. C'est une clause que l'équité impose. Il y a là une obligation de *ne pas faire* et, par conséquent, celui qui y contrevient doit des dommages-intérêts par le seul fait de la contravention (art. 1145).

Le droit aux dommages-intérêts disparaîtra toutefois, si la résiliation est fondée sur l'inobservation, par l'autre partie, des conditions fondamentales du contrat, qui sont, de la part de l'ouvrier qu'il travaillera bien et conformément aux règlements, et de la part du patron, qu'il paiera le salaire régulièrement et traitera bien son ouvrier.

Si l'une des parties contrevient à ces conditions, ou à

1. La question des dommages-intérêts sera étudiée plus loin.

d'autres semblables, le contrat pourra être résolu sans indemnité, car les obligations des deux parties sont corrélatives et n'existent que l'une par l'autre. L'une est la cause de l'autre, et le contrat sera rompu dans des conditions identiques à celles dans lesquelles a lieu la rupture du louage de choses en vertu de l'article 1741 (*in fine*).

Il y aura également lieu à dommages-intérêts, en vertu de l'article 1135 pour inobservation du délai de prévenance fixé par l'usage.

Les droits du patron et ceux de l'ouvrier seront, d'ailleurs, strictement égaux et réciproques.

CHAPITRE IV

L'INSTABILITÉ COMBATTUE

Depuis 1789, environ, le législateur, dans un but de réaction contre les abus de l'ancien régime, n'avait cessé d'encourager l'instabilité. Mais, bientôt, le but fut dépassé. La mobilité, augmentant sans cesse, devint un danger social, contre lequel il fallut réagir. Mais, lorsqu'on le comprit, il était trop tard, et cette réaction commencée vers le milieu du siècle, n'a pas encore atteint son but.

Les causes du développement de l'instabilité sont multiples.

En premier lieu, l'antagonisme entre patrons et ouvriers s'est accru par suite de leur séparation matérielle. L'élévation du prix des terrains dans les grandes villes refoule la population ouvrière dans les faubourgs, tandis que la classe patronale se groupe au centre.

De plus, l'ouvrier n'a même plus, en général, affaire à un patron. La société anonyme a pris, depuis le milieu du siècle, un grand développement. Connue, mais peu usitée, au XVIII⁰ siècle, à peine plus usitée au commencement du XIX⁰ (1), elle est devenue la forme la plus ordinaire de

1. En 1816, il n'y avait en France que quatre sociétés par actions dont les titres fussent cotés à la Bourse de Paris.

l'entreprise industrielle. Certes, cette transformation a eu, pour les ouvriers, quelques conséquences heureuses, mais elle a définitivement brisé les relations entre ouvriers et patrons.

Souvent, le patron anonyme n'a qu'une idée : toucher de gros dividendes par l'intermédiaire d'un directeur dont l'unique souci est de faire produire le plus de bénéfices possible à l'entreprise.

Le chômage a également changé de nature. C'était autrefois une période d'inaction chronique, prévue. C'est aujourd'hui un arrêt subit dans la production, et qui laisse tout-à-coup, inopinément, l'ouvrier dans l'inaction et, par suite, dans la misère.

La cause de ce changement est facile à trouver. Le chômage était une fête légale. C'est, aujourd'hui, un arrêt causé par la nécessité où se trouve l'industriel qui a surproduit, d'arrêter la production, sous peine de se voir ruiné par l'accumulation des marchandises.

L'industriel, en effet, soit pour produire à bon marché, soit parce que la demande augmente, produit outre-mesure. De sorte que, la demande diminuant, les prix baissant, le producteur qui avait fait un appel de bras, en laisse une partie inoccupés.

D'ailleurs si, ensuite, la demande augmente de nouveau, et que le patron est forcé de produire beaucoup, les ouvriers prennent leur revanche, et lui imposent d'onéreuses conditions. D'où antagonisme perpétuel.

Tout cela vient du changement qui s'est produit dans la conception du contrat de louage de travail. Patrons et ouvriers considèrent le travail comme une marchandise que l'un achète et l'autre vend, marchandise soumise, comme les autres, aux fluctuations de l'offre et de la demande. Ils ne songent pas que la marchandise travail est d'une nature toute spéciale. C'est, en effet, une marchandise à laquelle le producteur est personnellement et indissolublement lié. Un vendeur ordinaire peut, quand le prix baisse, diminuer sa production. Le travaillenr doit toujours vendre son travail, même, et surtout, lorsque la demande est moindre, et, par conséquent les prix plus bas, car ses besoins sont les mêmes.

De cette erreur sont responsables les économistes qui : « loin d'enseigner à l'employé que le moyen d'être heureux « est d'éviter autant que possible la fluctuation des salaires, « lui enseignent comment les augmenter le plus possible, « et déclarent qu'ils doivent dépendre de la fluctuation du « marché qui peut changer cinquante fois par jour, suivant « la loi de l'offre et de la demande » (1).

La politique s'en est mêlée. On a persuadé au travailleur que le patron est un ennemi, un exploiteur, que, contre lui, tous les moyens sont bons, et qu'il n'a qu'un but : s'enrichir aux dépens de l'ouvrier. Le patron, de son côté, se venge quand il le peut des actes de ses ouvriers, mais il n'est pas aussi libre qu'eux, étant retenu par son intérêt même.

L'ouvrier, confiant dans la force que lui donnent, et le suffrage universel, et les syndicats, veut traiter avec le patron de puissance à puissance, ce qui serait fort bien, si, grisé par sa force nouvelle, il n'exigeait toujours plus du patron, qui n'ose faire une concession, sachant qu'aussitôt on lui en demandera une autre.

1. Howell, *Conflicts of Capital and Labour*.

La forme même du contrat est une cause d'instabilité.

En effet, le contrat fait pour une longue période est devenu d'une rareté extrême. Le contrat à l'entreprise aussi. La forme ordinaire, normale est aujourd'hui l'engagement à durée indéterminée. L'ouvrier ne veut plus se lier pour un certain temps. Il veut rester libre de se retirer quand il lui plaira. Le patron veut, de même, conserver sa liberté.

La cause première de cette modification est peut-être l'article 15 de la loi de Germinal an XI, mais la cause directe est la multiplication extraordinaire des emplois offerts aux travailleurs, dont le nombre n'a cessé d'augmenter depuis le commencement du siècle.

Certes, le nombre des bras à occuper a augmenté aussi, mais actuellement, un bon ouvrier peut presque toujours trouver à se placer. De plus il peut espérer qu'un industriel concurrent de son patron lui offrira, pour quitter celui-ci, une situation plus avantageuse. Cela est aujourd'hui très fréquent.

Pour toutes ces raisons, l'ouvrier préfère l'engagement sans limitation de durée.

Quant au patron, il y trouve l'avantage de pouvoir diminuer ou augmenter son personnel, suivant ses besoins.

C'est cette forme de contrat que Le Play appelait le système des engagements momentanés.

« Depuis le commencement du siècle, dit-il, le régime « des engagements momentanés a fait naître la souffrance « et l'antagonisme. »

Et il déclare qu'il résulte d'une enquête faite en 1858 par 86 observateurs, sans entente préalable, que les engagements momentanés, le paupérisme et l'antagonisme so-

cial se groupent dans certaines régions, aussi invariablement que, dans d'autres, les engagements permanents, le
bien être et l'harmonie.

Recherchant ensuite les moyens de rétablir l'harmonie
et la stabilité dans les rapports entre patrons et ouvriers,
il en trouve six, dont le premier est la *permanence des engagements réciproques*.

Frédéric Bastiat, dans une correspondance publiée par
la *Revue des Deux-Mondes* en 1878, disait :

« Il n'est pas de besoin plus impérieux chez l'homme
« que celui de la confiance dans un avenir qui offre quel-
« que fixité. Ce qui trouble les ouvriers, ce n'est pas tant
« la modicité des salaires que leur incertitude et si les
« hommes qui sont arrivés à la fortune voulaient faire un
« retour sur eux-mêmes, en voyant avec quelle ardeur ils
« aiment la sécurité, ils auraient peut-être un peu plus
« d'indulgence pour des classes qui ont toujours le chô-
« mage en perspective. »

Enfin, un livre qui est l'œuvre d'un ouvrier, *Le Sublime*,
par Denis Poulot, donne, de l'état d'esprit de l'ouvrier moderne, la description suivante :

Il décrit d'abord l'état d'instabilité de l'ouvrier moderne.
Puis il ajoute : « Ces changements, qu'ils appellent faire
« la navette, ne leur sont pas profitables, au contraire.

« S'ils quittaient une maison pour aller dans une autre
« afin d'y gagner davantage, cela se comprendrait. Mais,
« les trois quarts du temps c'est pour des motifs insigni-
« fiants. Non seulement celui-là vous quitte, mais il a
« toujours deux ou trois intimes qu'il finira par faire venir
« dans la nouvelle maison.

« Il n'est pas difficile de comprendre quels préjudices

« de pareils changement apportent dans le travail. Voilà
« un ouvrier qui a commencé et fait aux trois quarts une
« pièce ou une machine et qui laisse tout en plan. Celui qui
« la reprend tâtonne pendant quelques jours afin de se
« mettre au courant, s'il ne fait pas des erreurs. »

Tous ceux, donc, qui se sont occupés de la question ouvrière, à quelque classe de la société qu'ils appartiennent,
de quelque point de vue qu'ils envisagent le problème, soit
qu'ils imputent toutes les fautes aux employeurs ou aux employés, sont d'accord sur un point : l'instabilité est un danger social contre lequel il faut réagir.

D'ailleurs un fait le prouve. Si l'on ouvre successivement
tous les volumes d'un recueil de jurisprudence au mot
Louage de services, on voit que le nombre des procès, causés par la résiliation du contrat, n'a cessé d'augmenter depuis le commencement du siècle (1).

Ce n'est qu'au début de la seconde moitié du siècle que,
grâce surtout aux efforts de Le Play, on comprit le danger,
et qu'on s'efforça de le combattre soit en luttant contre
l'instabilité par des mesures législatives, soit en encoura-
geant la stabilité par des récompenses décernées aux patrons ou aux employés. La lutte dure encore.

1. La statistique des grèves n'est pas moins significatives :

de 1852 à 1857	17	grèves
de 1858 à 1860	50	»
de 1861 à 1864	83	»
en 1882	182	»
en 1883	144	»
en 1889	321	»
en 1890	313	»
en 1892	261	»
en 1893	634	»
ed 1894	391	»
en 1895	405	»

Le premier moyen tenté fut la réorganisation de la législation des livrets.

A. Système préventif.

Les livrets.

La législation du livret a traversé deux phases. Dans la première, qui date de 1749 et va jusqu'en 1854, l'esprit de la législation est de faire du livret une mesure de police contre les ouvriers nomades, et contre ceux qui, violant leur contrat, désertaient l'atelier.

Dans la deuxième période, le livret devient un moyen de rendre l'ouvrier plus stable. En effet, par le seul examen du livret, le patron sait s'il a affaire à un ouvrier ayant l'habitude de changer sans cesse d'atelier, ou à un ouvrier stable.

Les Lettres Patentes de 1749 portaient obligation pour tout ouvrier de se munir d'un certificat de congé sous peine de 100 livres d'amende, pour le paiement desquels il pouvait être contraint par corps. Quant aux fabricants et entrepreneurs de fabrique et manufactures qui employaient des ouvriers non munis de congé, ils s'exposaient (art. 4) à 300 livres d'amende et tous dépens et dommages-intérêts (1).

1. Les articles 1 et 4 des lettres patentes de 1749 ont été appliqués par la cour de Bourges, le 22 septembre 1838. Elle a décidé, en effet, que l'ouvrier qui, sans congé exprès et par écrit de son maître, quitte la manufacture où il travaillait pour entrer au service d'un

Les Lettres Patentes du 12 septembre 1781, après avoir déclaré que les conventions entre patrons et ouvriers devaient être exécutées de bonne foi, défendu aux uns et aux autres de se quitter avant l'expiration du terme convenu, ou, à défaut de terme, défendu aux ouvriers de quitter leur maître avant l'achèvement des ouvrages commencés, le remboursement des avances et un délai de huit jours, ajoutaient (art. 4) : « Lorsque les ouvriers…. se seront conformés à ce qui est prescrit. .. les maîtres seront tenus de leur délivrer un billet de congé dont le modèle demeurera annexé à nos présentes lettres, et, si le maître ne sait pas signer, le billet de congé sera délivré à l'ouvrier du consentement du maître, par le juge de police. Voulons que lesdits ouvriers aient un *livre* ou *cahier* sur lesquels seront portés successivement les différents certificats qui leur seront délivrés par les maîtres chez lesquels ils auront travaillé, ou par le juge de police…. »

Le but de cette innovation était de prévenir la désertion des ateliers, et de réduire le nombre des ouvriers nomades. Grâce au certificat de congé, l'ouvrier qui a déserté ne peut s'engager sans s'exposer, et exposer le nouveau maître à des peines sévères. L'ouvrier nomade ne trouve plus à s'engager et, de plus, la police a un facile prétexte pour se saisir de lui.

Ce livret disparut en 1791 avec les maîtrises et les corporations. Mais les abus et les désordres causés par la liberté absolue, furent tels qu'il fallut réagir. Et la loi de l'an IX rétablit le livret par son article 12. L'arrêté du

autre maître qui l'a embauché, se rend responsable ainsi que celui-ci des délits prévus par les articles 1 et 4 des Lettres Patentes de 1749, non abrogées.

9 frimaire an XII en compléta la législation. Il résulte de la combinaison de ces dispositions que :

1° L'ouvrier ne peut trouver à s'engager qu'en prouvant par la présentation de son livret en règle qu'il est libre de tout engagement envers un patron antérieur ;

2° Le patron peut, en retenant le livret, contraindre l'ouvrier à lui payer en travail ce qu'il lui doit, soit pour avances reçues sur son salaire, soit par suite d'engagement *ad tempus* ;

3° Le patron créancier qui signe le congé d'acquit et n'use pas de son droit de retenir le livret peut, en inscrivant sa créance sur le livret, se réserver les deux dixièmes des salaires que l'ouvrier gagnera ailleurs jusqu'à entière libération (1).

Ces textes sont conçus dans le même esprit que les précédents.

Ils ont également pour but de mettre fin aux vagabondages et aux ruptures des contrats, et le livret n'est qu'un moyen de contrôle, et, surtout une mesure de police.

L'article 3 de l'arrêté de frimaire, montre, en effet, que c'est surtout l'ouvrier nomade que l'on a voulu atteindre, car la sanction du défaut de livret qu'il édicte est une sanction pénale qui ne peut atteindre l'ouvrier sédentaire. Il permet, en effet, à la police de saisir et de faire condamner comme vagabond l'ouvrier qui voyage sans livret. Or, le vagabondage était puni de peines rigoureuses.

La loi de Germinal et l'arrêté de l'an XII furent peu observés en pratique. Par un accord tacite, les ouvriers et les patrons renoncèrent au livret. Les patrons y furent

1. M. Sauzet, *Livret obligatoire.*

forcés par la résistance des ouvriers. Ils renoncèrent par suite également à exiger des nouveaux patrons l'indemnité fixée par la loi.

Pendant une longue période, ces dispositions restèrent en vigueur, sans être observées, malgré de nombreuses ordonnances de police exigeant le livret pour quelques professions, individuellement visées. (1)

En 1818, le ministre d'Etat, préfet de police, comte Anglès, rendit une ordonnance pour les remettre en vigueur (2), mais, néanmoins le livret tomba de plus en plus en désuétude, ainsi que le montre une ordonnance de police du 1er avril 1831 (3) qui débute ainsi :

« Nous, conseiller d'Etat, Préfet de police. Considérant que jusqu'à présent les règlements et ordonnances concernant les ouvriers n'ont reçu qu'une exécution incomplète et qu'il en résulte des abus également nuisibles aux intérêts des maîtres et à ceux des ouvriers... »

Cette ordonnance, après avoir rappelé la loi de Germinal et l'arrêté de Frimaire, menace les contrevenants de poursuites devant le Tribunal de Police, conformément à la loi des 16-24 août 1790, sur l'organisation judiciaire.

En 1845, un projet de loi fut déposé à la Chambre des Pairs, pour renouveler l'institution du livret. Il y fut discuté en 1846.

Mais les ouvriers résistaient. Ils se plaignaient de l'abus

1. Garçons boulangers, 23 ventôse an XI, et 21 mai 1827 ; garçons bouchers, 25 brumaire an XII ; garçons épiciers, 20 novembre 1807 ; charpentiers, 7 décembre 1804 ; maçons, 15 février 1810 ; joailliers, 6 avril 1811 ; paveurs, 14 janvier 1812 ; brasseurs, 7 septembre 1813, etc. (*Collection officielle des Ord. de police*).

2. Ord. du 25 mars 1818, *Coll. off.*, t. I, p. 360.

3. *Coll. off.*, t. I, p. 541.

des avances d'argent. Les patrons, en effet, prêtaient facilement de l'argent aux ouvriers porteurs de livrets et ne
leur demandaient pas le remboursement, tant qu'ils avaient
besoin d'eux.

Mais, dès que les affaires s'arrêtaient, ils se payaient par
retenues, n'ayant plus à craindre qu'on embauchât leurs
ouvriers. Ceux-ci se voyaient, alors, dans l'alternative de
rester jusqu'à complet paiement, ou de prendre leur livret
qui, chargé de dettes, les empêchait de trouver facilement
un nouvel engagement. Ces plaintes étaient si évidemment
justes, qu'une loi promulguée en 1851 modifia l'arrêté de
frimaire. Elle défendit au maître de retenir, en aucun
cas, le livret de l'ouvrier, pour ce seul motif qu'il avait fait
des avances. Le maître pouvait inscrire ces avances sur le
livret, mais à la condition qu'elles ne dépassassent pas 30
francs, et la retenue ne pouvait être supérieure au dixième
de la journée de travail.

Les patrons, à leur tour, protestèrent, prétendant que
le défaut de sanction avait pour résultat de permettre aux
ouvriers de les quitter inopinément.

La loi du 22 juin 1854 tenta de remettre l'usage du livret
en vigueur en créant une sanction pénale nouvelle contre
l'ouvrier sans livret. « Les contraventions... sont poursui-
» vies devant le tribunal de simple police, et punies d'une
» amende de 1 à 15 francs, sans préjudice des dommages-
» intérêts, s'il y a lieu. Il peut, de plus, être prononcé,
» suivant les circonstances, un emprisonnement de 1 à 5
» jours. »

Cette loi fut suivie d'un décret impérial du 30 avril
1855, réglant le mode d'application de la loi ; et d'une

ordonnance de police du 15 octobre 1855 qui donne aux ouvriers un délai de deux mois pour se mettre en règle.

Le livret, à la suite de ces sanctions sévères, fut de nouveau usité. Les poursuites, les condamnations étaient fréquentes. Cela dura peu. Pour des motifs politiques, les poursuites devinrent de moins en moins fréquentes et, en 1867, on prépara une loi décrétant l'abolition du livret.

Les patrons étaient opposés à cette mesure. La Chambre de commerce de Reims déclarait, en 1868 que : « Les » patrons se louent beaucoup des résultats produits par la » loi. Ils y trouvent des garanties contre l'embauchage et » contre la violation des engagements contractés. On peut » même dire que c'est là leur seule garantie. De leur côté, » les ouvriers tiennent beaucoup aux livrets qui sont pour » eux la preuve de leurs bons et loyaux services. On ne » saurait nier, en effet, que l'ouvrier qui se présente por- » teur d'un livret non chargé, démontrant qu'il est stable, » qu'il ne change pas de patron ou d'usine au gré de son » caprice, est sûr d'être bien accueilli. »

En affirmant que les ouvriers tiennent beaucoup au livret, la Chambre de Commerce semble avancer une affirmation inexacte et contredite par les faits. Elle est exacte néanmoins, si on la restreint à l'extrême minorité des ouvriers stables.

Malgré l'opposition des patrons, l'Empereur, désirant se rendre les ouvriers favorables, fit préparer le projet d'abolition du livret, et vint lui-même présider la séance du conseil d'Etat. Mais rien ne fut fait à ce moment, et les évènements de 1870 firent abandonner le projet.

Il fut repris en 1881.

Le 11 novembre 1881. M. Dautresme, député, déposa sur le bureau de la Chambre la proposition suivante :

Article 1er. — La loi du 22 juin 1854 et toutes les autres
» dispositions relatives aux livrets d'ouvriers, sont et de-
» meurent abrogées.

Article 2. — Le contrat de louage entre les chefs ou
» directeurs d'établissements industriels et leurs ouvriers
» est soumis aux règles du droit commun. »

A la suite de trois rapports de M. Martin Nadaud, la
Chambre des Députés adopta, le 12 juin 1882, un projet
de loi ainsi conçu :

Article unique : « Sont abrogées toutes les dispositions
» relatives aux livrets d'ouvriers, comprises dans la loi du
» 22 germinal, an XI, les arrêtés du 9 frimaire, an XII,
» et du 10 ventôse, an XII, les lois des 25 avril, 8 et 14
» mai 1851, la loi du 22 juin 1854, le décret du 30 avril
» 1855. »

La commission du Sénat adopta le principe de l'abolition du livret obligatoire, mais proposa : le maintien des
dispositions spéciales à certaines industries telles que la
fabrique lyonnaise, et la création d'un livret ou certificat
facultatif.

Conformément à ces conclusions, le Sénat adopta le 22
novembre 1883 un projet supprimant le livret obligatoire,
sauf pour certaines industries : « Le contrat de louage
d'onvrage entre les directeurs ou chefs des établissements
industriels et leurs ouvriers est soumis aux règles du droit
commun et peut être constaté dans les formes qu'il convient aux parties contractantes d'adopter. (art. 2) »

Le projet crée, en outre, le livret *facultatif*. C'est-à-
dire que tout ouvrier a le droit de demander au maire de
sa commune, qui ne peut le refuser, un livret contenant
les noms, prénoms, domicile. lieu de naissance et profession du titulaire.

Sur ce livret, le patron est tenu, à la reqnête de l'ouvrier, congédié ou donnant congé, de constater la date d'entrée de cet ouvrier dans l'établissement, et la date de sa sortie. Même, à défaut du livret, l'ouvrier peut réclamer un certificat ou carnet contenant les mêmes indications.

La Chambre des Députés ne voulut voter que la suppression du livret, malgré les conclusions contraires de sa commission. Ce vote était motivé par la crainte de voir le livret facultatif devenir obligatoire en fait.

Le Sénat maintenait au contraire la nécessité de ce livret ou carnet.

Il avait l'appui des patrons et de certains ouvriers qui, désirant le maintien du livret, se ralliaient à l'idée du livret facultatif.

Les patrons, parce que « c'est le seul moyen que nous avons de savoir, quand un ouvrier se présente, quelle est la profession qu'il a précédemment exercée. Nous ne pouvons pas prendre un fileur pour tisser, ni un tisseur pour filer. C'est impossible. Les machines ne résisteraient pas à de malencontreux essais. » (1)

Et la Chambre de Commerce de Reims déclarait, le 28 avril 1890 : « Vu les dispositions législatives votées par le » Sénat, dans sa séance du 22 novembre 1883 et rejetées » par la Chambre des Députés, le 4 février 1890...

« Considérant... que ces dispositions sont de nature à « concilier les intérêts en présence puisqu'elles donnent « à l'ouvrier la possibilité de la constatation de ses apti-« tudes professionnelles et, par suite, lui assurent un cré-« dit tout à la fois moral et matériel et que, d'autre part, « elles donnent au patron une garantie de capacité, de mo-

1. *Rev. de dr. comm.*, 1889, p. 69.

« ralité, et lui permettent de juger de la stabilité de l'ou-
« vrier avec lequel il contracte. »

« La Chambre donne son approbation entière aux dis-
« positions du projet de loi tel qu'il a été voté par le
« Sénat. »

La Chambre des députés finit par se rallier à ce projet,
après que le Sénat y eût fait des modifications de détails
(8 mai 1890) et vota la loi le 16 juin 1890.

Cette loi, promulguée le 2 juillet 1890, porte le titre de
« Loi ayant pour objet d'abroger les dispositions relatives
« aux livrets d'ouvriers. »

L'article 1er énumère les lois abrogées et les dispositions
spéciales à quelques industries, qui restent en vigueur.

Art. 2. Le contrat de louage d'ouvrage entre les chefs ou
directeurs d'établissements industriels et leurs ouvriers,
est soumis aux règles du droit commun et peut être constaté dans les formes qu'il convient aux parties contractantes
d'adopter.

Cette nature de contrat est exempte de timbre et d'enregistrement.

Article 3. Toute personne qui engage ses services peut,
à l'expiration du contrat, exiger de celui qui les lui a loués,
sous peine de dommages-intérêts, un certificat contenant
exclusivement la date de son entrée, celle de sa sortie, et
l'espèce de travail auquel elle a été employée.

Ce certificat est exempt de timbre et d'enregistrement.

Cette loi crée donc le *certificat de congé*, facultatif pour
l'ouvrier, qui peut se dispenser d'en être porteur, mais qui
a le droit de l'exiger de son patron, s'il veut avoir une
preuve de sa stabilité.

Ce certificat a, sur le livret, l'avantage d'être non pas

une mesure de police, mais une mesure d'ordre purement industriel.

D'ailleurs, en fait, ce certificat est, presque dans toute la
France, remplacé par un livret, ayant les mêmes caractères et le même but. Ce livret est réclamé par la majorité
des patrons et possédé par la majorité des ouvriers. Toutefois il n'en est pas ainsi à Paris, où le livret est presque
inconnu.

Les récompenses.

Dans le but de favoriser la stabilité, on essaya d'encourager les efforts tentés dans cette voie, soit par les chefs ou
directeurs d'établissements industriels, soit par les ouvriers.

I. Le règlement du 9 juin 1866, sur les récompenses à
décerner à l'occasion de l'Exposition de 1867, crée un
nouvel ordre de récompense que l'article 30 définit ainsi :

« Un ordre distinct de récompenses est créé en faveur
« des établissements ou des localités qui, par une organi-
« sation ou des institutions spéciales, ont développé la
« bonne harmonie entre tous ceux qui coopèrent aux
« mêmes travaux et ont assuré aux ouvriers le bien être
« matériel, moral et intellectuel. »

Cet article est suivi d'un tableau indiquant les coeffi-
cients attribués à chaque but atteint. Le coefficient 4,
un des plus forts, est attribué aux institutions ayant pour
but la *permanence des rapports.* D'ailleurs toutes les institutions qui furent l'objet d'un rapport avaient pour base
cette permanence.

II. Le 16 juillet 1886, le ministre du commerce institua
une médaille d'honneur à décerner aux ouvriers et em-

ployés comptant plus de 30 ans de services dans le même établissement industriel ou commercial.

Les institutions de patronage.

Dans la lutte contre l'instabilité, les institutions de patronage furent une arme puissante, et surtout trois d'entre elles : la participation aux bénéfices, les habitations ouvrières et les caisses de retraites ouvrières.

I. Participation aux bénéfices (1).

Nous avons vu comment un industriel, M. Leclaire, ayant imaginé que le meilleur moyen d'avoir de bons ouvriers était de leur offrir une situation aussi fixe que possible, avait voulu, en 1842, établir dans sa fabrique la participation aux bénéfices, et comment le préfet de police lui avait interdit de donner suite à cette intention. M. Leclaire réussit, non sans peine, à faire lever l'interdiction, et cette institution fonctionna à la satisfaction de tous. Néanmoins il n'eut que peu d'imitateurs. On ne peut guère citer vers cette époque que M. Laroche-Joubert, à Angoulême, en 1844, MM. Laurent et Deberni, fondeurs de caractères, en 1848, M. de Courcy, à la Compagnie d'Assurances Générales, en 1850 et la Compagnie l'Union, en 1854.

Et cependant, l'idée avait gagné du terrain. Elle avait des partisans convaincus à l'Assemblée nationale, qui, en 1848, sur la proposition de M. Michel Alcan, et sur le rapport de M. Corbon, ouvrit au Ministère de l'Agriculture et du Commerce, un crédit de trois millions pour être ré-

1. « La participation aux bénéfices est une libre convention, ex-
« presse ou tacite, suivant les cas, par laquelle un patron donne à
« son ouvrier, en sus du salaire normal, une part dans ses bénéfi-
« ces sans participation aux pertes. » (Ch. Robert, *Part. aux bén.*)

parti entre les associations créées soit entre ouvriers, soit entre patrons et ouvriers afin de « faire passer les travail-
« leurs de l'état de salariés à celui d'associés volon-
« taires (1). »

Les résultats de cette mesure furent nuls.

Mais, Le Play, par ses efforts énergiques et constants, réussit à accélérer le mouvement, et si, en 1862 on ne voit guère que la maison Goffinon, en 1865 la maison Bord, en 1871 la maison Chaix mettre en pratique ce système, bientôt le nombre des établissements qui l'appliquèrent fut beaucoup plus considérable. En 1866, les maisons de commerce et établissements industriels où fonctionne la participation sont au nombre de 50. Il y en eut 81 en 1890, 92 en 1891 et 304 en 1895.

Législation.

D'autre part, sous l'influence des idées de Le Play, les membres du Parlement tentaient de soutenir législativement ce système.

Le 15 mars 1879, M. Laroche-Joubert déposait à la Chambre des députés une proposition de loi ayant pour objet de pousser au développement du système coopératif, c'est-à-dire à l'association de l'intelligence, du capital, et du travail par la participation imposée aux adjudicataires lors de la confection du cahier des charges des adjudications à faire pour le compte de l'État, des départements et des communes. Il demandait que, pour être admis à être adjudicataire, il fallût s'engager à faire participer les ouvriers

---

1. Instructions pour l'exécution du décret du 5 juillet 1848, **par** M. Tourret, ministre de l'agriculture et du commerce.

aux bénéfices pour un quantum fixé par un règlement d'administration publique.

En 1881, M. Floquet, préfet de la Seine, confia à une commission d'études la mission de rédiger un nouveau modèle de cahier des charges pour les travaux publics de la ville de Paris et du département de la Seine, de manière à favoriser les Sociétés dont les ouvriers participent aux bénéfices.

En 1883, M. Waldeck-Rousseau, instituait une commission parlementaire chargée de rechercher les moyens de faciliter aux associations ouvrières leur admission aux adjudications et soumissions des travaux de l'État, et d'étudier dans quelle mesure il serait possible d'obtenir des entrepreneurs la participation de leurs ouvriers aux bénéfices.

Des travaux de cette commission est résulté un projet de loi qui, présenté à la Chambre des députés par M. Floquet, ministre de l'Intérieur, le 16 juillet 1888, passa d'une Chambre à l'autre, et, plusieurs fois modifié, fût au mois de décembre 1895, l'objet d'un rapport de M. Lourties au Sénat. Ce rapport concluait à la nécessité de réglementer législativement la participation.

Enfin, le 4 novembre 1895, un projet de loi fut présenté par M. Guillemet, demandant que le système de la participation fût appliqué dans les manufactures de l'État.

Cette institution, une des plus efficaces pour rendre le travailleur stable, n'existe donc encore qu'en fait, nulle loi ne l'ayant règlementée,

Les habitations ouvrières.

Une des meilleures mesures pour rendre le travailleur stable est de le rendre propriétaire.

De cette idée est né le système des habitations ouvrières, dont le principe est le suivant :

Le patron fournit à l'ouvrier un logement destiné à devenir sa propriété. Puis, au lieu de lui en faire payer le prix, il se contente de réclamer une somme annuelle représentant l'intérêt au taux convenu du capital déboursé, plus l'amortissement de ce capital. La durée de l'amortissement ne dépasse pas, en général, 20 ans.

Ce système est appliqué par la Compagnie d'Anzin qui vend au prix de revient 93 maisons. Le prix d'amortissement n'excède pas le loyer d'une maison de même importance dans la même localité.

Il est appliqué, également, avec succès par la Société de la Vieille Montagne qui a rendu propriétaires 1180 ouvriers ou contre-maîtres, c'est-à-dire environ 17 pour cent de ses employés.

Caisses de retraites (1).

Les caisses de retraites sont, théoriquement, une arme puissante contre l'instabilité.

Ce moyen était surtout efficace lorsque la plupart des règlements ne permettaient à l'employé de toucher sa retraite qu'après une longue période de services dans le même établissement. Ceci toutefois avait le grave inconvénient de priver de sa retraite l'employé qui avait un motif

1. La question des caisses de retraites sera étudiée de nouveau à propos de la loi de 1890.

sérieux pour quitter sa place ou qui était révoqué, alors que, pendant de longues années parfois, il avait versé une partie de son salaire dans la caisse.

Aujourd'hui, les employés démissionnaires ou révoqués ont, en général, le droit de toucher le capital versé par eux ou en leur nom.

Néanmoins, certains établissements ont réussi à rendre leur personnel stable, par des avantages spéciaux. Les systèmes employés pour alimenter la caisse et servir la pension sont très nombreux. En dehors de ceux qu'emploient les Compagnies de chemins de fer, et dont il sera question plus loin, on rencontre les systèmes suivants :

Société du Bon Marché. — La caisse est dotée d'un capital de 5 millions, et alimentée par un prélèvement de 5 0/0 sur les bénéfices de la Société. La retraite est accordée après 20 ans de service et 50 ans d'âge (45 pour les femmes).

Maison Leclaire. — Les participants à la caisse sont les ouvriers ayant 5 ans de services non interrompus. La caisse est commanditaire de la maison. Elle touche 5 0/0 d'intérêts de sa commandite et 1/4 des bénéfices de la maison. Elle est, de plus, alimentée par les amendes, et par les gratifications des clients. Tout sociétaire a droit, après 50 ans d'âge et 20 ans de services à une rente viagère de 1200 francs réversible pour moitié sur la tête de sa femme et de ses orphelins mineurs.

Compagnie Le Phénix. — La caisse est alimentée par une retenue sur les traitements et par les sommes que les employés veulent y déposer. Le tout est placé en rentes 3 0/0.

Maison Mame. — Tous les ans il est accordé aux ouvriers

une part sur les bénéfices. La moitié de cette part leur est remise. L'autre moitié, augmentée d'une somme égale versée par les patrons, alimente la caisse.

Manufactures de l'État. — La caisse est alimentée uniquement par les versements de l'Etat qui sont d'une somme égale à 4 0/0 du salaire, et faits au nom de chaque ouvrier.

Pendant la première année de service, l'employé est inscrit sur un registre d'admission temporaire et le versement de 4 0/0 est fait au *fonds d'attente*. Si l'ouvrier quitte la manufacture, la somme est acquise au Trésor. S'il reste, le fonds d'attente est, au bout de la première année, versé en son nom à la Caisse des Dépôts et Consignations.

La pension est versée aux hommes à l'âge de 55 ans, aux femmes à 50 ans, la limite d'âge pour l'admission à la manufacture étant respectivement de 32 et 28 ans. Elle leur est versée, qu'ils soient, ou non, restés à la manufacture jusqu'à cet âge, mais elle est proportionnelle à la durée du séjour de l'ouvrier.

Les versements peuvent être faits à capital réservé. Mais, dans ce cas, l'ouvrier doit verser directement à la caisse de 25 à 100 0/0 de la majoration, suivant son âge.

Législation. — Le législateur ne s'est, pendant longtemps nullement occupé des caisses de retraite patronales, sauf toutefois, en ce qui concerne les ouvriers mineurs (1). Mais, à la suite de jugements qui, considérant les ouvriers comme simples créanciers de la faillite de leur patron, les avaient frustrés de leurs versements, un projet fut présenté en 1893 par M. Lebon, ministre du Commerce, et aboutit à une loi du 27 décembre 1895.

1. Loi du 29 juin 1894, Décret du 14 août 1895, Loi du 19 décembre 1895.

B. Système répressif.

I. La jurisprudence depuis le Code civil jusqu'en 1890.

Le Code civil est, nous l'avons vu, muet sur les conséquences de la résiliation unilatérale du contrat. D'où des
dissentiments entre les auteurs sur ces conséquences dont
la plus importante est l'attribution de dommages-intérêts à
la partie quittée ou congédiée.

Nous avons essayé de démontrer que le droit commun
permettait cette attribution de dommages-intérêts dans
trois cas :

1° En vertu de l'article 1135 lorsque l'usage n'aura pas
été observé ;

2° Lorsqu'il y a eu violation d'une des conditions expresses ou tacites du contrat ;

3° En vertu de l'article 1145 lorsque le droit de rupture
aura été préjudiciable à l'autre partie.

La jurisprudence a souvent eu à se prononcer sur la
question des dommages-intérêts. Comment a-t-elle interprété l'article 1780 ?

Il est une hypothèse où la jurisprudence n'a pas hésité
à reconnaître que la résiliation du contrat devait donner
lieu à des dommages-intérêts. C'est celle où la rupture est
contraire aux usages ou aux conditions expresses ou tacites
du contrat. Chaque partie a le droit de rompre le contrat
quand elle veut, mais, si elle n'observe pas les délais de prévenance d'usage, elle doit indemniser l'autre du préjudice
que lui cause son brusque départ.

L'indemnité varie comme le délai de congé, suivant la

nature de l'emploi, les usages des lieux ou de l'industrie, et les causes de départ ou de renvoi.

C'est ainsi qu'il a été jugé :

Qu'une indemnité de congé est due par l'ouvrier sorti avant les délais, alors même que le patron aurait pu remplacer sur le champ l'ouvrier congédié. (Paris, 9 juillet 1872). (1)

Qu'une Compagnie d'assurances ne peut congédier brusquement un agent salarié à moins de motifs sérieux et légitimes sans lui accorder des dommages-intérêts dont, au cas de contestation, il appartient aux tribunaux de fixer le chiffre (Nancy, 3 juin 1860) (2).

Que l'ouvrier qui n'a pas averti à l'époque fixée par l'usage, se rend passible de dommages-intérêts envers son patron, si sa retraite non précédée d'avertissement cause à celui-ci un préjudice et, par exemple, le met dans la nécessité de suspendre en tout ou en partie l'impression d'une publication projetée (3).

L'employé brusquement congédié est fondé à réclamer au maître, lorsque celui-ci ne lui a pas accordé le délai d'usage, des dommages-intérêts pour la fixation desquels les tribunaux peuvent prendre en considération la situation respective des parties et les difficultés que l'employé peut trouver à se replacer (4).

Mais il n'y a pas lieu à dommages-intérêts pour brusque renvoi : 1° en cas d'usages contraires ; 2° en cas de faute de la partie congédiée ; 3° en cas de convention contraire.

1. *Revue de droit comm.*, 1889, p. 165.
2. D. 61. 2. 53.
3. Cons. d'Et., D. 70. 3. 38.
4. Alger, 4 juin 1877, S. 78. 2. 80. — Décisions semblables : Dijon, 11 janvier 1882, S. 82. 2. 228; Paris, 12 janvier 1887, S. 87. 2. 80.

1° Dans une ville où les garçons de café peuvent donner et recevoir congé sans avis préalable, le garçon renvoyé n'a droit à aucune indemnité soit pour perte d'étrennes, soit à un autre titre (1).

2° Il n'y a pas lieu à indemnité lorsqu'un ouvrier a été congédié pour : Absence de livret (2) ; ivresse (3) ; refus de travailler, sans motif légitime (4) ;

3° Les patrons et les ouvriers peuvent, sans porter atteinte à aucun principe d'ordre public, déroger aux usages locaux concernant les congés à donner, soit par les patrons, soit par les ouvriers (5).

Sur le cas de renvoi brusque, la jurisprudence était donc, à peu près, unanime. Il était loin d'en être de même pour une autre hypothèse sur laquelle la Cour de cassation et les cours d'appel différaient absolument d'avis. C'est le renvoi intempestif, c'est-à-dire dénué de motifs. On a prétendu que la jurisprudence même de la Cour de cassation avait varié sur ce point. Il n'en est rien. Cette jurisprudence a toujours pu se résumer dans cette phrase que l'on retrouve au début de tous les arrêts :

« Le contrat de louage de services dont la durée n'est
« pas déterminée peut toujours cesser par la libre volonté
« de l'un ou de l'autre des contractants, mais à la charge
« d'observer les délais de congé commandés par l'usage,
« ainsi que les autres conditions expresses ou tacites de
« l'engagement. »

1. Trib. de comm. de Marseille, 1873, D. 73. 3. 18.
2. Lyon, 22 novembre 1848, *Rev. de dr. comm.*, 1889, p. 165.
3. Paris, 14 décembre 1876 et 9 janvier 1877, *Rev. de dr. comm.*, 1889, p. 165.
4. Marseille. 4 avril 1859, *Rev. de dr. comm.*, 1889, p. 165.
5. Cass., 11 mai 1886, S. 86. 1. 446.

L'arrêt dans lequel on a cru voir une décision différente est connu sous le nom d'arrêt *Potier*. Il a été rendu en 1859 (1 .

Voici ce qui, en réalité, s'était passé :

Le sieur Henry Potier était entré à l'Opéra en qualité de chef de chant en 1849. Il fut prévenu le 30 janvier 1856 qu'il était remplacé à partir du 1er février. La lettre qui lui transmettait cet avis s'appuyait sur plusieurs fait graves.

Le sieur Potier assigna la direction devant le tribunal civil de la Seine en paiement de l'indemnité d'usage à raison du congé subit et imprévu.

Il soutenait qu'aux termes des règlements du théâtre impérial de l'Opéra, l'administration ne pouvait rompre l'engagement d'un employé qu'en le prévenant six mois à l'avance, et en lui payant six mois de traitement à titre d'indemnité.

Le tribunal et la Cour d'appel lui donnèrent raison.

La Cour de cassation confirma par un arrêt dont on ne peut bien comprendre la portée qu'à la condition de le lire en entier.

« Attendu qu'on ne peut engager ses services qu'à temps ou pour une entreprise déterminée. Que si un louage de services a été consenti pour une durée illimitée il dépend, sans doute, de la volonté de l'une ou l'autre des parties de le faire cesser. Mais que, si la loi ne détermine aucun délai à observer, la renonciation ne peut cependant être faite à contre-temps et d'une manière préjudiciable à l'intérêt de l'une des parties. Que, dans ce cas, les tribunaux peuvent, d'après les circonstances, la nature des services engagés, les habitudes professionnelles des contractants, les conditions nécessaires de leur industrie ou de leur art, accorder

1. D. 59. 1. 57.

à celui vis-à-vis duquel la convention a été trop brusquement abandonnée, une indemnité dont l'appréciation rentre dans leur droit souverain d'appréciation.

D'où il suit qu'en jugeant que Potier, à défaut d'une date déterminée pour l'expiration de son engagement, n'avait pu être renvoyé qu'au moyen d'une indemnité, et en fixant cette indemnité au montant de ses appointements d'une année, *conformément à ce qu'elle déclarait être l'usage* en matière d'engagement de la nature de celui qui liait les parties, alors surtout qu'aucune circonstance particulière devant faire déroger à cet usage n'était alléguée, la Cour de Paris n'a violé aucune loi. »

La Cour, dans cet arrêt comme dans les autres, admet donc qu'en principe il dépend de la volonté de l'une des parties de faire cesser le contrat. Mais, dans l'espèce, les habitudes professionnelles et l'usage, étaient que l'on attribuât certains dommages-intérêts. Il n'y avait aucun motif pour déroger à cet usage, à cette condition tacite du contrat. C'est un arrêt d'espèce, qui ne modifie en rien le principe. La légitimité des motifs de renvoi n'a pas à être examinée, les tribunaux devant uniquement, pour décider s'il y a lieu d'allouer des dommages-intérêts, examiner s'il y a lieu d'allouer des dommages-intérêts, examiner s'il y a eu, ou non violation d'un usage ou des conditions expresses ou tacites du contrat. Telle est la jurisprudence de la Cour de cassation qui a rendu les décisions suivantes :

Le maître qui, usant du droit de résiliation, congédie son employé, ne saurait être tenu d'aucune indemnité envers lui, alors même que celui-ci n'aurait pas démérité. Cependant, le maître est tenu de payer des dommages-

1. Cass., 5 février 1872. S. 72. 1. 132.

intérêts en cas de renvoi immédiat *et* sans aucun motif (1).

Il n'y a quasi-délit qu'autant qu'il y a faute et l'exercice d'un droit ne peut constituer une faute (2).

Une Compagnie de chemin de fer n'est pas passible d'une indemnité à raison de ce que le renvoi d'un employé aurait eu lieu sans motifs légitimes (3).

Doit être cassée la décision qui, sans relever à la charge du maître aucune infraction à la loi du contrat le condamne à des dommages-intérêts envers son employé pour le seul fait de l'avoir renvoyé sans motifs légitimes (4).

Doit de même être cassée une décision qui, sans relever contre le maître aucune infraction à la loi du contrat le condamne à des dommages-intérêts envers son employé, en invoquant l'équité, les services rendus par l'employé et ses connaissances spéciales (5).

Les tribunaux et les Cours d'appel étaient, en général d'un avis opposé à celui de la Cour de cassation. Ils accordaient des dommages-intérêts aux employés congédiés sans motifs légitimes ou sérieux.

La Cour de cassation cassa tous les arrêts rendus en ce sens qui lui furent présentés.

Les plus connus de ces arrêts sont les affaires Falcoz et Catrain (6).

Ces deux employés de chemins de fer, ayant été révo-

1. Cass., 5 février 1872, S. 72. 1. 132.
2. Cass., 21 juillet 1873 et 5 août 1873, S. 73. 1. 470.
3. Cass., 5 février 1872, D. 73. 1. 63.
4. Cass., 10 mai 1875, S. 75. 1. 264.
5. Cass., 10 mai 1876, S. 76. 1. 256.
6. Cass., 5 février 1872.

qués, réclamèrent des dommages-intérêts pour avoir été renvoyés sans motifs.

Au premier, le tribunal de commerce de Chambéry avait accordé 400 francs : « Attendu que... si l'on admet qu'une compagnie de chemins de fer puisse renvoyer les employés qui font mal leur service, il ne leur est pas facultatif de les renvoyer sans indemnité et sans motifs légitimes. ».

La Cour de Cassation infirma ce jugement par les motifs suivants : « Attendu que nul n'est en faute et passible de dommages-intérêts s'il ne fait qu'user de son droit.

Attendu qu'il est de principe que le louage de services sans détermination de durée peut toujours cesser par la libre volonté de l'un ou de l'autre des contractants en observant toutefois les délais de congé commandés par l'usage ainsi que les autres conditions expresses ou tacites de l'engagement.

Attendu que le jugement attaqué, sans constater de la part de la Compagnie demanderesse, aucune infraction à ces conditions, l'a néanmoins condamnée à payer une indemnité à Falcoz... Qu'en statuant ainsi ledit jugement a faussement appliqué et par suite violé l'article 1382 du Code civil, casse... ».

L'affaire Catrain est, en tous points semblable à la précédente, et les arrêts analogues sont nombreux.

On peut donc résumer la jurisprudence antérieure à 1890 en disant qu'elle admet l'allocation de dommages-intérêts en trois cas :

1° Résiliation contraire aux usages, c'est-à-dire renvoi brusque.

2° Résiliation contraire aux conditions expresses ou tacites du contrat. C'est ainsi qu'il a été jugé que l'on doit considérer comme conditions de l'engagement la clause du règlement intérieur d'une Compagnie de Chemins de fer qui prescrit à la Compagnie de ne congédier les employés de son personnel fixe qu'après un ou deux avertissements suivant leur grade (1).

3° Résiliation constituant une *faute* c'est-à-dire dans le but de nuire à l'autre partie (art. 1382 C. civ).

Les ouvriers pouvaient donc être renvoyés sans motifs légitimes, et sans avoir droit à aucun dédommagement. Leur situation était très pénible. Elle l'était surtout pour certains d'entre eux, les agents commissionnés des chemins de fer.

Les Compagnies des chemins de fer emploient, en effet, deux catégories d'agents : les agents commissionnés et les agents auxiliaires.

Tandis que ces derniers sont pris et congédiés à volonté par les chefs locaux, les commissionnés sont nommés par le directeur de la Compagnie. Ils forment le personnel fixe, ne peuvent être révoqués que sous certaines conditions et participent à la caisse des retraites.

Dans ce but, ils subissent chaque année sur leur traitement des retenues fixées par les règlements, et, en général, les compagnies versent de leur côté, annuellement, une certaine somme à la caisse des retraites.

C'est là un avantage qui fait accepter à ces agents un traitement plus faible que celui qui leur serait donné dans l'industrie privée, car cette perte est compensée par l'espérance de la retraite.

Or cet avantage était rendu presque uniquement théori-

1. Pau, 9 février 1878, D. 79. 2. 180.

que, avant 1876 tout au moins, par les dispositions des statuts des caisses de retraites, et l'application qn'en faisait la jurisprudence.

Ces statuts, en effet, contenait généralement des dispositions semblables aux suivantes qui sont empruntées au règlement de 1862 de la Compagnie de l'Est : Les dispositions de l'article 1ᵉʳ sont très favorables aux agents mais l'article 11 les corrige considérablement.

« Article 1ᵉʳ : Les fonds de la caisse des Retraites se composent :

1° Des valeurs à son crédit au 1ᵉʳ janvier 1862.

2° D'une cotisation égale à 2 °/₀ du montant des traitements, obligatoire pour tous les employés de la Compagnie, facultative pour les agents de la construction et pour ceux détachés temporairement des services de l'Etat ou de la Compagnie.

3° D'une allocation de la Compagnie, égale à 2 0/0 du montant des mêmes traitements.

4° Des dons à titres divers qui pourraient être faits à la caisse. »

Article 11 : « Les employés congédiés pour cause de suppression d'emploi avant 50 ans d'âge et 20 ans de service auront droit, après décision du conseil à la restitution sans intérêts des sommes qu'ils auront versées.

Les employés révoqués n'auront droit à aucune restitution.

Il en sera de même de ceux qui se retireraient avant 50 ans d'âge et 20 ans de services. »

Cette dernière clause se trouvait dans presque tous les règlements.

De même, une clause fréquente permettait à la Compagnie de prolonger la durée du service exigé avant la mise à la retraite.

Or, lorsqu'un employé révoqué sans motifs sérieux réclamait la restitution des sommes par lui versées, sa demande était invariablement repoussée par la Cour de cassation dont les décisions suivantes indiquent nettement la jurisprudence.

Est légale et obligatoire la disposition de la caisse des retraites d'une compagnie de chemins de fer, portant que les retenues sont acquises à la caisse des retraites, du jour où elles ont été opérées, et qu'elles ne sont sujettes à aucune répétition, soit de la part de l'employé, soit de la part de ses héritiers, la Compagnie se réservant l'appréciation exclusive des cas exceptionnels où elle pourra rembourser tout ou partie de ces retenues (1).

Une telle clause doit recevoir son application, quelles que soient les causes de la révocation prononcée par la Compagnie (2).

Dès lors, la Compagnie ne peut être condamnée à restituer ces retenues sous prétexte que la révocation d'un employé est arbitraire et qu'il appartient en ce cas aux tribunaux de convertir en obligation la faculté que la Compagnie s'est réservée de restituer exceptionnellement les retenues faites aux employés (3).

Est licite la clause par laquelle une Compagnie de chemins de fer stipule que les retenues opérées sur les appointements de ses employés au profit d'une caisse de retraite ne seront sujettes à aucune répétition de la part de ceux qui cesseront

1. Cass., 28 avril 1874, S. 74. 1. 255.
2. Cass., 10 mai 1875. S. 75. 1. 264.
3. Cass., 24 mai 1876, S. 76. 1. 320.

·de faire partie de ses cadres avant l'ouverture de leurs droits à la retraite, et cela quelle que soit la cause de la cessation des services (1).

La Cour motive ainsi ses arrêts : « Attendu... que le règlement de la caisse des retraites fait la loi des parties... que... des considérations de prétendue équité ne sauraient prévaloir contre une convention légalement formée... »

Le cas suivant s'était même présenté : un employé de la Compagnie de l'Ouest n'ayant pas demandé la retraite à laquelle il avait droit après 50 ans d'âge et 20 ans de services était resté au service de la Compagnie, et, quelque temps après, avait été révoqué. Il demanda à jouir de sa pension de retraite, La Compagnie refusa de faire droit à sa demande. Il s'adressa aux tribunaux et fut débouté de sa demande.

« Attendu, dit l'arrêt de la Cour de Rennes, que si la Compagnie des chemins de fer de l'Ouest peut accorder une retraite à ses employés après 50 ans d'âge et 20 ans de services, il ne s'ensuit pas que les employés révoqués après 50 ans d'âge et 20 ans de services aient le droit d'exiger cette retraite. (2) »

Si la situation faite aux ouvriers en cas de résiliation du contrat était pénible, elle l'était donc surtout pour les agents commissionnés des Compagnies de chemins de fer, celles-ci n'ayant qu'à les révoquer à une époque quelconque, pour éviter de leur rembourser les sommes, parfois considérables, versées par eux, et les dommages-intérêts étant toujours refusés à ces agents, car il n'y avait pas, dans leur industrie, de délai d'usage.

1. Cass., 4 août 1879, S. 80. 1. 35. Mêmes décisions : Cass., 25 août 1873, *Ass. cathol..* t. XIV, p. 216.
2. Ren es, 24 juillet 1874, S. 74. 2. 244.

II. Loi du 27 décembre 1890.

I. *Historique.*

Le 22 février 1871, les mécaniciens des six grandes Compagnies de chemins de fer adressèrent au Ministre des Travaux publics une pétition contenant des réclamations touchant les salaires, la durée du travail, certaines questions de services, et, enfin, le règlement disciplinaire et celui des caisses de retraite.

Peu après, dans une lettre adressée au Ministre de l'intérieur, le 12 septembre 1871, ils signalaient de nouveau les abus dont ils se plaignaient, protestaient contre toute idée d'insubordination et de grève, et déploraient que les Compagnies, comprenant mal le but poursuivi par les pétitionnaires, eussent usé de rigueur.

En effet, à la suite de la pétition, 80 mécaniciens avaient été révoqués, d'autres frappés de peines disciplinaires, et les Compagnies avaient obtenu la rétractation de 8000 mécaniciens ou chauffeurs (1).

Les délégués avaient également envoyé à l'Assemblée nationale une adresse qui fut déposée, en décembre 1871, par M. de Janzé

Renvoyée successivement à la commission des pétitions, à la commission des chemins de fer, enfin à la commission d'enquête sur les conditions du travail en France, cette pétition ne fût l'objet d'aucun rapport.

Mais, le 9 février 1872, l'Assemblée nationale fut saisie par M. de Janzé et plusieurs de ses collègues (2), d'une proposition de loi retative à l'établissement à Paris d'une

1. Rapport Andrieux, 16 août 1876.
2. MM. Raoul Duval, Jules Brame, Guinot, Tirard, Houssard.

cinquième section du conseil des Prudhommes ayant pour mission de statuer sur les différends qui pourraient s'élever entre les ouvriers employés par les Compagnies de chemins de fer et les comités de direction de ces Compagnies.

La dixième commission d'initiative, saisie de cette proposition, fit une enquête, et, par l'organe de son rapporteur, M. Bastid, conclut au rejet de la proposition.

La discussion devant l'Assemblée eut lieu à la séance du 24 avril 1872.

M. de Janzé, défendant sa proposition, déclara que le tribunal de commerce ne reconnaissant pas aux mécaniciens et chauffeurs des locomotives la qualité d'ouvriers justiciables des conseils de Prudhommes, mais voyant en eux des sous-ingénieurs, les privait ainsi d'une juridiction rapide et peu coûteuse. Il déclara, ainsi que M. Tirard, que l'intention des auteurs de la proposition n'était pas de donner leur idée pour parfaite, mais de soumettre la question à l'Assemblée afin que celle-ci nommât une commission d'études, qui, elle, trouverait après enquête une solution définitive.

M. Bastid combattit la prise en considération, prétendant que le vote de la proposition amènerait la perturbation dans le fonctionnement du personnel des chemins de fer. Ce dernier, ajoutait-il, a déjà à sa disposition trois juridictions : les Prudhommes, le juge de paix et les tribunaux consulaires.

Il signala surtout les inconvénients d'un tribunal dont le ressort serait la France entière et qui jugerait à Paris les litiges des employés de Marseille.

1. MM. Millaud, Tolain, Gambetta, Greppo, Corbon, Bouchet, Ferrouillat, Barodet, Rouvier, Tirard, Destremx, Lefèvre, Goblet, Germain Casse, Dumas.

L'Assemblée adopta ses conclusions par 341 voix contre 192.

Mais le 3 août 1884, M. Cazot et plusieurs de ses collègues (1), déposèrent une proposition « ayant pour objet de régler certains rapports entre les Compagnies de Chemins de fer et leurs mécaniciens et chauffeurs. »

Cette proposition était ainsi conçue :

Article 1er. A partir de la promulgation de la présente loi, les mécaniciens et chauffeurs au service des Compagnies de chemins de fer, ne pourront être congédiés par elles qu'en vertu d'une cause déterminée.

Article 2. dans les trois mois à partir de ladite promulgation, les causes du congé seront déterminées par un règlement de l'administration publique, les parties intéressées entendues.

Les contestations entre les Compagnies et les mécaniciens et chauffeurs seront jugées par la section des métaux du conseil des Prudhommes du dépôt auquel appartient le mécanicien ou chauffeur.

Dans le cas où le conseil des Prudhommes compétent n'aurait pas de section des métaux, il en sera créé une par un décret rendu dans le délai fixé par l'article 2.

Article 4. A défaut de ce conseil des prudhommes, dans un dépôt, la contestation sera portée devant le conseil des prudhommes du dépôt le plus voisin.

La jurisprudence des cours d'appel, dit l'exposé des motifs, a fait l'application des règles qui gouvernent le louage de services à durée indéterminée. Il a été, en conséquence, décidé que les mécaniciens et chauffeurs pouvaient *ad libitum* et sans qu'elles fussent tenues de donner des motifs être congédiés par les Compagnies. Mais la situation des mécaniciens et chauffeurs est très différente de celle des autres salariés.

« A une situation à part, il faut des règles particulières. C'est au législateur qu'il appartient de déroger par des dispositions spéciales à des règles qui n'ont point été faites pour cette classe si importante et si intéressante d'agents.»

Quant aux caisses de retraite « leur règlement est si rigoureux qu'un bien petit nombre de mécaniciens, 10 sur 100, peuvent réaliser les conditions exigées. »

La commission, par le rapport de M. Jouin, conclut à la prise en considération, tout en déclarant que le projet était incomplet, imparfait. Mais « au point de vue auquel les Commissions d'initiative doivent toujours se placer, il n'était pas possible de ne pas prendre en considération une proposition qui a pour but de remédier à un mal que nul n'oserait contester et de venir en aide à une catégorie nombreuse d'employés qui ont acquis tant de titres à la reconnaissance du pays. »

L'Assemblée nationale se sépara sans avoir statué sur les conclusions de ce rapport.

La même proposition fut reprise en 1876 par M. Germain Casse et un certain nombre de ses collègues (1).

La 1re commission d'initiative conclut à la prise en considération. Le rapporteur, M. Andrieux, s'exprime ainsi :

« Votre Commission... a d'abord remarqué que la proposition est loin de donner satisfaction aux réclamations nombreuses contenues dans les pétitions adressées soit à M. le Ministre des Travaux Publics, soit à l'Assemblée par les mécaniciens et les chauffeurs...

Nous ferons observer aux honorables auteurs du projet de loi qu'ils accordent aux chauffeurs et aux mécaniciens

1. MM. Ed. Lockroy, Naquet, Ordinaire, G. Périn, Clemenceau, Talandier, Floquet.

une situation privilégiée, et qu'il eût été plus équitable d'étendre leur sollicitude à tous les agents commissionnés des Compagnies de chemins de fer.

Mais est-il possible, sans compromettre l'intérêt supérieur de la sécurité publique, de décider que les Compagnies cesseront d'étre absolument maîtresses de choisir et de renvoyer leurs agents?

Sans doute, toute obligation de faire se résout en dommages-intérêts et aucune Compagnie ne sera contrainte *manu militari* à garder un agent qui n'aura plus sa confiance. Mais cette Compagnie sera-t-elle libre quand elle ne pourra congédier ses employés, sans être exposée à des dommages-intérêts? »

Après avoir rappelé que, faute d'usage exigeant un délai de congé, les agents n'obtenaient jamais de dommages-intérêts, le rapporteur montre combien il serait difficile de prévoir, pour les fixer limitativement, toutes les causes de congé qui pourraient être considérées comme légitimes.

Il écarte la compétence des Prud'hommes et conclut en demandant la prise en considération, quoique la proposition présentée soit très imparfaite, parce qu'il faut faire quelque chose pour les agents des chemins de fer.

La Chambre vota la prise en considération et nomma une commission spéciale dont les travaux furent arrêtés par la dissolution de 1876.

Le 29 Janvier 1878, M. Germain Casse et plusieurs de ses collègues reprirent la proposition, mais, s'inspirant du rapport de M. Andrieux, ils l'étendirent à tous les agents commissionnés des Compagnies de chemins de fer.

La nouvelle proposition interdisait aux Compagnies de renvoyer ces agents, sous peine d'indemnité, sauf pour des « motifs applicables par les juges compétents. » Ces motifs devaient être déterminés par un règlement d'administration publique.

Outre les dommages-intérêts en cas d'absence de motifs légitimes, et en tous cas, les sommes retenues aux agents commissionnés en vue d'une pension de retraite devaient être restituées avec les intérêts à ces agents ou à leurs héritiers en cas de démission, de révocation ou de décès.

En cas de contestation, la compétence était attribuée à la section des métaux du conseil de prudhommes dans le ressort duquel se trouvent la gare ou le dépôt auxquels appartient l'employé. A défaut de conseil dans ce lieu, la contestation était portée devant celui du chantier, de l'atelier, ou du dépôt le plus voisin.

La proposition, déposée le 21 janvier 1888, fut renvoyée à la commission qui conclut à la prise en considération.

La Chambre vota la prise en considération le 20 février 1879 et la proposition fut renvoyée à une commission spéciale en même temps qu'une proposition de M. de Janzé présentée le 15 janvier 1880 et relative à la « règlementation des Compagnies de chemins de fer.» Dans l'exposé des motifs, M. de Janzé déclarait que l'extension à tous les agents commissionnés des dispositions proposées était la « réduction à l'absurde » de ses propositions antérieures, car c'était demander de rendre justiciables des conseils de prudhommes, des individus qui n'étaient nullement ouvriers.

Le rapport fut présenté le six décembre 1880 par M. Margue qui déclarait qu' « il est absolument impossible de méconnaître que la situation des employés de chemins de fer ne présente aucune garantie de justice, » les Compagnies faisant signer à tout agent entrant en fonctions l'engagement suivant : « Je déclare me soumettre à toutes les dispositions des règlements intervenus, ou à intervenir dans les services de la Compagnie, à accepter notamment les suspensions de traitement, retenues, amendes et mises en charge qui pourraient m'être appliquées en raison de mes fonctions, ainsi que les prélèvements que m'imposera ma participation à la caisse des retraites. » Et, lorsque l'employé réclame contre une révocation injustifiée, la Cour de Cassation déclare que « le règlement de la Compagnie ne comporte aucune distinction entre les causes qui ont pu motiver la mesure prise contre lui. »

« Il est manifeste que le contrat qui le rattache par tant et de si puissants liens à la Compagnie, apparaîtra toujours avec le caractère d'un contrat à durée déterminée. »

Tel est le principe qui a dicté la proposition de la Commission, et duquel elle se déduit logiquement. Le contrat étant à durée tacitement déterminée, il est naturel qu'il ne puisse être résilié que du consentement mutuel des parties ou pour des motifs légitimes. C'est, en effet, ce que demande la proposition, qui, en outre, demande la détermination des motifs légitimes par un règlement d'administration publique.

Cette proposition fut discutée devant la Chambre des Députés les 24 et 26 février et 3 mars 1881.

Elle fut combattue au nom de la liberté des conventions et de l'égalité devant la loi. Son adoption, disait-on, serait une violation du contrat intervenu entre l'Etat et les Compagnies. De plus, elle porterait atteinte à la discipline indispensable des employés des chemins de fer.

M. Trarieux présenta un contre-projet dont le but était de généraliser la loi, de l'étendre à toutes les industries, tout en visant plus spécialement les agents commissionnés des Compagnies de chemins de fer.

La disposition générale était la suivante :

« Lorsque le contrat de louage n'aura pas été formé
» pour un temps ou une entreprise déterminés, les parties
» pourront se dégager de leurs obligations en donnant
» congé suivant les usages établis et, s'il n'existe pas d'u-
» sages, en observant un délai au moins égal à la durée
» d'un terme de paiement des salaires stipulés sans que ce
» délai puisse être moindre de trois mois.

Jusqu'ici, le contre-projet est général. Il est, de plus,
absolument en contradiction avec la proposition. Il ne
fait, en effet, que confirmer la jurisprudence de la cour de
cassation, en la rendant applicable aux agents de chemins
de fer par la fixation d'un délai légal dans les cas où il n'y
a pas d'usage.

La seconde partie du contre-projet spécial aux agents
commissionnés ou autres employés participant à des
caisses de retraite, rentre dans l'esprit de la proposition
primitive. Elle considère le contrat comme étant à durée
déterminée, et ne pouvant, par conséquent pas être rompu
sans dédommagement. Elle fixe ce dédommagement au
montant des retenues opérées sur les salaires.

» En ce cas, la partie qui aura repris sa liberté sans
» motifs légitimes, devra rendre compte à l'autre de tout
» ce qu'elle aura reçu d'elle en vue d'une plus longue exé-
» cution du contrat. »

M. Trarieux soutenant son contre-projet, déclarait qu'il
y avait, en effet, dans le cas spécial des agents commissionnés une iniquité, mais que, cette iniquité se retrouvant
dans tous les cas analogues, il fallait prendre une mesure
« rendant la loi conforme aux temps et aux mœurs et la
complétant puisqu'elle est incomplète. »

Cette idée d'une loi générale, soulevée pour la première fois, trouva un grand nombre de députés favorables, car elle fut repoussée à égalité de voix : 198 contre 198, alors que le projet de la commission n'obtenait que 210 voix contre 228.

Le 6 février, 1882, MM. Raynal, Waldeck-Rousseau et plusieurs de leurs collègues reprirent la question et présentèrent une proposition analogue à celles de MM. Casse et de Janzé. Ils demandaient également qu'un règlement d'administration publique fixât les cas de congé et, qu'en dehors de ces cas, le contrat ne pût être résilié sans indemnité.

Mais ils demandaient que la juridiction compétente, en cas de contestation, fût le juge de paix, en premier ressort jusqu'à 1500 francs, à charge d'appel au-dessus de cette somme, et que les statuts des caisses de retraite fussent soumis à l'homologation du ministre des travaux publics.

Le lendemain, 7 février, M. Delattre et le baron de Janzé déposèrent une proposition en 14 articles dont les dispositions principales étaient les suivantes :

1º Le contrat intervenu entre les agents commissionnés et les Compagnies étant un contrat à longue durée, il ne peut être résolu sans indemnité à moins de motifs légitimes ;

2º Les Compagnies devront restituer aux agents révoqués ou démissionnaires le montant des retenues sans intérêts ;

3º Elles devront soumettre les statuts des caisses de retraite à l'homologation du ministre des travaux publics ;

4º Un tribunal arbitral sera créé pour statuer sur les contestations entre les agents et les Compagnies.

L'exposé des motifs expliquait ainsi la proposition :

« Le nombre des mécaniciens, admis à la retraite dans
« les conditions règlementaires, de 1865 à 1875, n'a été
« dans trois compagnies exigeant 55 ans d'âge et 25 ans
« de services, que de 5 à l'Ouest, 2 à la Méditerranée et 0
« au Midi.....

« Pour faire disparaître les dangers que crée la faculté
« de renvoi arbitraire, il faut décider qu'une indemnité
« sera due à l'agent renvoyé sans motifs appréciables par
« les juges compétents, le même droit étant ouvert à la
« Compagnie contre l'agent qui la quitte à l'improviste.

« Pour obtenir des agents un bon service, il faut que
« ceux-ci aient cette conviction que toute punition règle-
« mentaire qui leur est infligée est juste et méritée...»

« C'est pour cela que la proposition demande la créa-
« tion d'une juridiction prompte et économique, per-
« mettant aux agents de défendre judiciairemeut leurs
« droits ».

La commission chargée de l'examen des deux propositions conclut à la nécessité :

1° De prévenir le renvoi arbitraire. Le rapport cite, entre autres exemples, celui d'un agent révoqué pour refus
de services. Un jugement ayant condamné la Compagnie
à biffer de ses registres cette mention reconnue contraire à
la vérité, celle-ci obtint un arrêt qui infirma le jugement,
par cette raison : que les Compagnies sont souveraines dans
leurs appréciations ;

2° De règlementer les mesures disciplinaires ;

3° De soumettre à l'homologation ministérielle les statuts des caisses de retraite ;

4° D'instituer une juridiction spéciale pour régler les

différents entre les Compagnies et leurs agents commissionnés.

Elle présentait un projet tendant : 1° à ce que le contrat entre les Compagnies et leurs agents commissionnés ne pût être résilié sans motifs légitimes sans qu'il y eût lieu à indemnité, toute stipulation contraire étant nulle, et les causes de révocation étant fixées par un règlement d'administration publique ; 2° à ce que les statuts des caisses de retraites fussent soumis à l'homologation du ministre des travaux publics.

Elle demandait également la création d'un tribunal arbitral composé du juge de paix, président, et de deux arbitres juges, nommés par les parties, et statuant jusqu'à 1500 francs en dernier ressort, et, au-delà à charge d'appel au Tribunal de commerce.

La Chambre écarta de suite l'institution d'une juridiction spéciale, le **26 juin 1882**.

Le **27 juin**, deux contre-projets furent présentés et repoussés. L'un était la reproduction exacte du contre-projet Trarieux.

L'autre fut présenté par M. Goblet. C'était, selon son auteur la condensation et la généralisation de la principale disposition du projet de la commission.

« Lorsque le louage de services a lieu pour un temps
« indéterminé et à la condition que des retenues seront
« opérées sur les salaires pour la constitution de caisses de
« retraite ou de secours mutuels, le contrat ne peut être ré-
« silié sans motifs légitimes que moyennant la réparation
« du préjudice causé ».

Il fut repoussé par une majorité de **240** voix contre **221**.

Lors de la discussion des articles de la proposition, M.

Steeg prétendit que, ce qui faisait du contrat entre les Compagnies et leurs agents commissionnés un contrat à longue durée, était, non leur commission, mais le fait de participer à la caisse des retraites. Il était donc équitable d'étendre les mêmes garanties à tous ceux qui participent à des caisses de retraites. Il proposait donc d'ajouter à l'article 1er un paragraphe ainsi conçu :

« Seront assimilés aux agents commissionnés tous em-
« ployés et ouvriers de chemins de fer qui participent aux
« caisses de retraite ou de secours ».

La Chambre adopta cet amendement par **237** voix contre **189**.

Elle adopta également, les articles **2**, **3** et **4**, sans discussion. Ces articles étaient ainsi libellés :

« Article 1er. — La convention par laquelle les Compagnies de chemins de fer louent les services de leurs agents commissionnés, ne peut être résiliée sans motif légitime par la volonté de l'une des deux parties contractantes que moyennant la réparation du préjudice causé à l'autre partie ».

Suit l'amendement Steeg.

« Article 2. — Dans les trois mois qui suivront la promulgation de la présente loi, un règlement d'administration publique déterminera :

1° Les emplois que les Compagnies ne pourront confier qu'à des agents commissionnés ».

Ce paragraphe était destiné à empêcher les Compagnies de ne plus créer de commissionnés afin d'échapper à la loi.

« 2° Les mesures disciplinaires applicables aux agents commissionnés des divers services pour chaque nature d'infraction aux règlements et notamment les cas dans lesquels les agents deviendront passibles des peines de la descente de classe et de la révocation ».

Le but de cette disposition est d'empêcher les Compagnies d'infliger aux agents dont elles voudraient se débarrasser, des descentes de classe telles, qu'ils soient contraints de donner leur démission.

« Article 3. — Dans le même délai de trois mois les Compagnies devront soumettre à l'homologation du ministre des travaux publics les statuts et règlements de leurs caisses de retraite et de secours ».

« Article 4. — Les employés d'une ou plusieurs Compagnies de chemins de fer auront le droit de former entre eux des caisses de secours et de retraites, pour eux et leurs familles et de se réserver l'administration exclusive de ces caisses ».

Quant aux deux derniers articles, 5 et 6 qui créaient le tribunal arbitral, la commission, devant l'opposition de la Chambre, les avait ainsi modifiés :

« Article 5. — Les contestations auxquelles pourra donner lieu l'application des articles 1 et 2, seront portées devant le juge de paix du canton dans lequel est domicilié l'agent ».

« Article 6. — Le juge de paix statuera en dernier ressort jusqu'à 1500 francs et à charge d'appel à quelque somme que la demande puisse s'élever. Il pourra ordonner l'exécution provisoire nonobstant appel et sans caution ».

Mais la Chambre refusa encore de voter ces articles qui ne faisaient que remplacer une juridiction d'exception par une autre, et vota l'amendement suivant de MM. de Sonnier et Bovier Lapierre, amendement qui devint l'article 5 du projet :

« Les contestations auxquelles pourra donner lieu l'ap-
« plication des articles 1 et 2, lorsqu'elles seront portées
« devant les tribunaux civils et devant les tribunaux d'ap-
« pel, seront instruites comme affaires sommaires et jugées
« d'urgence ».

Le **21** décembre **1882**, la proposition, ainsi modifiée, fut adoptée dans son ensemble et transmise au Sénat.

La commission nommée par le Sénat (1) se livra à une enquête approfondie, et conclut au rejet du projet présenté par la Chambre. Ses conclusions furent développées le 25 juin 1885, par M. Cuvinot, rapporteur.

Après avoir rappelé les différentes phases par lesquelles la question avait passé, il s'exprimait ainsi :

« La proposition de loi que l'on vous demande de
« voter, est spéciale aux agents des Compagnies de che-
« mins de fer. C'est une véritable loi d'exception.

« Les partisans de cette loi ont essayé de la justifier par
« les raisons suivantes :

« A) Les Compagnies de chemins de fer, soumises au
« contrôle et à la surveillance de l'Etat, ne sauraient être
« assimilées à des sociétés industrielles et les agents de ces
« Compagnies ont droit à une protection particulière.

« La sécurité publique, la continuité de l'exploitation y
« sont intéressées et autorisent l'intervention du légis-
« lateur.

« B) La jurisprudence de la Cour de cassation exclut du
« droit commun les agents des Compagnies de chemins de
« fer. Il est nécessaire de légiférer pour les faire rentrer
« dans le bénéfice de ce droit commun.

1. MM. Robert de Massy, président, Cuvinot, secrétaire, Dietz Monnin, Léon Clément, Humbert, Mazeau, Poriquet, de la Sicotière, Clamageran.

« C) Les retenues opérées sur les salaires et les verse-
« ments effectués à la caisse de retraites donnent au con-
« trat passé entre les Compagnies et leurs agents un ca-
« ractère spécial qui le distingue essentiellement du con-
« trat de louage ordinaire. »

Le rapporteur s'attache à combattre successivement ces
trois arguments.

Les Compagnies n'ont, en dehors des clauses du contrat
de concession, aucune obligation. L'organisation intérieure
est laissée à leur entière volonté. Le rapport présenté par
le ministre des travaux publics à l'appui de l'ordonnance
du 15 novembre 1846 le prouve (1).

Lorsqu'un ouvrier ou un employé d'un ordre quelconque
se présente pour entrer au service d'une Compagnie de
chemins de fer, il se trouve vis-à-vis de cette Compagnie
dans une situation identique à celle d'un ouvrier qui offre
ses services à un industriel, à une société quelconque. Il
sait que la durée de son engagement est indéterminée, qu'à
tout instant il peut reprendre sa liberté, et que, de son
côté, la Compagnie peut le renvoyer. Les agents commissionnés sont dans la même situation que les autres.

Quant à la jurisprudence de la Cour de cassation à l'é-
gard des agents commissionnés, c'est la jurisprudence
qu'elle applique à tous les employés, par application de la
législation générale. S'il y a quelque chose à modifier
c'est cette législation générale.

Enfin, il serait dangereux de règlementer la question
des caisses de retraites, car on ne pourrait le faire sans
porter atteinte à la liberté des conventions.

1. C'est dans cette ordonnance que l'on avait cru trouver la faculté
pour l'Etat de s'interposer entre les compagnies et leurs agents.

Le rapporteur, après examen des articles, conclut au rejet de la proposition qui « sacrifie au désir de donner « satisfaction à une classe particulière de citoyens le principe d'unité de législation, d'égalité devant la loi. »

Cependant la législation du contrat de louage étant insuffisante, le rapporteur admet qu'il faut la compléter par une disposition de droit commun qui prendrait place à la suite de l'article 1780 du Code civil, et il présente le contre-projet suivant :

« La résiliation du contrat de louage de services par la volonté d'un seul des contractants peut donner lieu à des dommages-intérêts même dans le cas où la durée du contrat n'a pas été déterminée, à la charge par la partie qui réclame des dommages-intérêts, de prouver que le congé a été donné de mauvaise foi et à contre-temps.

« Pour la fixation de l'indemnité à allouer, le cas échéant, il est tenu compte des usages, de la nature des services engagés, des retenues opérées et des versements effectués en vue d'une pension de retraite et de toutes les circonstances qui peuvent justifier l'existence et déterminer l'étendue du préjudice causé. »

Ce que votre commission vous propose, ajoute le rapport, c'est de consacrer, par un texte de loi, les décisions de la jurisprudence.

« Une seule addition a trouvé place dans le texte, elle est spéciale au cas où le contrat de louage implique l'obligation de participer à une caisse de retraite. Il nous a paru que, si le législateur n'avait pas à intervenir dans la définition des clauses relatives aux institutions de prévoyance, que, s'il appartenait exclusivement aux parties en présence de discuter et de rédiger ces clauses nous avions cependant le pouvoir d'en envisager les conséquences, et de fournir au juge les moyens de corriger les abus. »

La discussion commença en mai 1887 et se continua en novembre.

La Commission, au texte ci-dessus, substitua le suivant :

« Le louage de services fait sans détermination de durée peut toujours cesser par la volonté de l'une des parties contractantes.

« Néanmoins la résiliation du contrat par la volonté d'un seul des contractants peut donner lieu à des dommages-intérêts.

« Pour la fixation de l'indemnité à allouer, le cas échéant, il est tenu compte des usages, de la nature des services engagés et des conventions légalement formées entre les parties. »

Le but principal de cette modification était l'insertion de la proposition affirmant ce principe : que le louage sans détermination de durée pouvait cesser en tous temps, sur la seule manifestation de volonté d'une des parties.

A la nouvelle rédaction, M. Cuvinot proposa d'ajouter :

« La rupture du contrat laisse subsister, nonobstant con-
« vention contraire, les droits éventuels acquis par l'em-
« ployé à raison de sa participation à une caisse de retraites
« quel que soit, d'ailleurs, le mode d'alimentation de cette
« caisse. »

A l'appui de cette proposition il exposait que les deux parties étaient placées dans des conditions inégales, l'une éprouvant un dommage en reprenant sa liberté, l'autre en tirant profit. En général, la caisse de retraites n'existe pas, en réalité. Elle se confond avec la caisse de la Compagnie, et n'est qu'une simple opération de comptabilité.

De plus, les Compagnies conviennent que l'espoir d'une retraite fait accepter par les employés des conditions plus dures que s'ils n'avaient pas cette espérance.

Cette addition fnt combattue par M. Clamageran qui déclara, avec raison, qu'elle violait absolument le principe de la liberté des conventions.

Après une discussion confuse, le 15 novembre 1887, les propositions furent renvoyées à la Commission pour qu'elle ajoutât une disposition relative aux caisses de retraite.

Celle qui fût présentée au Sénat et adoptée par 133 voix contre 98 était peu différente de la proposition Cuvinot.

« Si le contrat de louage implique la participation à une
« caisse de retraites, la rupture du contrat entraîne de
« plein droit, et à quelque époque que ce soit, la liquida-
« tion de la portion de rente acquise à l'employé, soit à
« raison des retenues opérées sur son salaire, soit à raison
« des versements effectués par le patron. »

Mais, en seconde délibération, M. Poriquet demanda le rejet de la proposition et la nomination d'une commission chargée d'étudier la question des caisses de retraite et de faire un projet spécial.

Le paragraphe, modifié sur la demande de M. Maze, par la substitution du mot *règlement* au mot *liquidation*, obtint 123 voix contre 123, et fût, en conséquence, repoussé.

Le Sénat vota, sans discussion, un article 2 instituant le bénéfice de la procédure sommaire.

Enfin, le 16 mars 1888, la proposition suivante fut transmise à la Chambre des députés :

L'article 1780 du Code civil est complété par les dispositions suivantes :

« Article 1er. Le louage de services fait sans détermination de durée peut toujours cesser par la volonté de l'une des parties contractantes.

Néanmoins la résiliation du contrat par la volonté d'un seul des contractants peut donner lieu à des dommages-intérêts.

Pour la fixation de l'indemnité à allouer, le cas échéant, il est tenu compte des usages, de la nature des services engagés et des conventions légalement formées entre les parties.

Article 2. Les contestations auxquelles pourra donner lieu l'application de l'article précédent, lorsqu'elles seront portées devant les tribunaux et devant les Cours d'appel seront instruites comme affaires sommaires et jugées d'urgence conformément à l'article 404 du Code de procédure civile. »

La Commission de la Chambre (1) ne voulait pas d'un texte général, mais craignant d'exposer la proposition à un échec définitif si elle déclarait s'en tenir à la rédaction adoptée par la Chambre, elle décida d'accepter le texte transmis par le Sénat, mais en y ajoutant des dispositions spéciales aux agents des chemins de fer.

Le rapport de M. Poincaré, déposé le 29 décembre 1888, justifie ainsi l'opinion de la commission :

1° Il est nécessaire de compléter l'article 1780 en donnant force de loi à la jurisprudence. Celle-ci, est flottante et vague parce que le texte de l'article 1780 la for e à ménager dans tous les cas le principe de la liberté absolue de résiliation. Il faut, tout en maintenant ce principe salutaire

1. MM. Durand, président ; Poincaré, sécrétaire ; Obissier Saint Martin, Andrieux, Burdeau, Fonbelle, Trouard Riolle, Sarrien, Lefèvre-Pontalis, Richard.

mettre en regard le droit aux dommages-intérêts et donner aux tribunaux la faculté de faire entrer dans l'appréciation du préjudice, non-seulement la considération de l'usage mais celle non moins légitime des éléments multiples du contrat, la nature des services engagés, le temps écoulé, les conventions annexes, et, d'une manière générale toutes les circonstances qui peuvent déterminer l'étendue du préjudice causé.

2° Mais, en même temps, il est nécessaire de règlementer par des dispositions spéciales la situation des agents des chemins de fer ;

La modification générale de l'article 1780, si désirable qu'elle soit, n'est pas suffisante. Le contrat passé entre une Compagnie de chemin de fer et un agent, est un contrat de louage *sui generis*. Dans l'intention des parties c'est « une convention à longue portée. » « Il est juste que la loi « intervienne pour empêcher que, dans ce contrat, la par- « tie qui est, par la force même des choses, la plus puis- « sante, n'abuse de sa supériorité, ne s'arroge le droit de « garder ou de congédier à son gré l'autre partie et ne lui « impose, malgré elle, des conditions trop rigoureuses. »

3° On reproche à la loi spéciale aux agents des chemins de fer d'être une loi d'exception et de faveur. Mais cette exception est justifiée, comme est justifié l'article 270 du Code de commerce qui accorde une indemnité à tout matelot congédié.

Le contrat, dit-on encore, doit rester libre. Mais l'Etat a un droit d'ingérence et sur les règlements d'exploitation et sur le trafic, et sur le personnel, car le décret du 27 mars 1852 confère à l'administration le droit de révocation.

Enfin la discipline ne souffrira nullement des dispositions

proposées. « Est-ce amoindrir cette discipline que de la
« réglementer ? Est-ce amoindrir cette autorité que de
« l'empêcher de tourner en arbitraire ? C'est, au contraire,
« les maintenir et les renforcer. C'est empêcher la grève,
« si dangereuse pour le pays. »

La commission présenta, en conséquence, à la Chambre
le projet suivant, tout à la fois général, et spécial aux agents
des chemins de fer, auxquels des dispositions de faveur
étaient consacrées, le contrat qui les liait étant considéré
comme fait pour une longue durée, tacitement déterminée.

« Article 1er. L'article 1780 du Code civil est modifié
comme il suit :

Le louage des services fait sans détermination de durée
peut toujours cesser par la volonté d'une des parties contractantes.

Néanmoins la résiliation du contrat par la volonté d'un
seul des contractants peut donner lieu à des dommages-
intérêts.

Pour la fixation de l'indemnité à allouer le cas échéant,
il est tenu compte des usages, de la nature des services engagés, du temps écoulé, des conventions légalement formées entre les parties, notamment au sujet des pensions
de retraite et, en général, de toutes les circonstances qui
peuvent justifier l'existence et déterminer l'étendue du préjudice causé.

Article 2. La convention par laquelle les compagnies et
administrations de chemins de fer louent les services de
leurs agents commissionnés ne peut être résiliée sans motif
légitime par la volonté de l'une des deux parties contrac-
tanctes que moyennant la réparation du préjudice causé à
l'autre partie. Seront à cet égard assimilés aux agents com-

missionnés les employés et ouvriers de chemins de fer qui participent aux caisses de retraite ou de secours.

Article 3. Toute stipulation contraire aux dispositions des deux articles précédents est nulle de plein droit.

Article 4. Dans les six mois qui suivront la promulgation de la présente loi, un règlement d'administration publique déterminera :

1° Les emplois que les Compagnies ne pourront confier qu'à des agents commissionnés ou à des agents qui devront être commissionnés après un an de stage au plus ;

2° Les causes en vertu desquelles pourront être prononcées contre les agents commissionnés les peines de la révocation ou de la descente de classe.

Article 5. Dans le même délai de six mois les Compagnies devront soumettre à l'homologation du ministre des travaux publics les règlements et statuts de leurs caisses de retraite et de secours.

Article 6. Les employés d'une ou plusieurs Compagnies de chemins de fer auront le droit de former entre eux des caisses de secours, pour eux et leurs familles, et de se réserver l'administration exclusive de ces caisses.

Article 7. Les contestations auxquelles pourra donner lieu l'application des art. 1, 2, et 4, lorsqu'elles seront portées devant les tribunaux civils ou les Cours d'appel, seront instruites comme affaires sommaires et jugées d'urgence.

La Chambre adopta le projet de sa commission. Mais la commission du Sénat demanda le rejet des articles 2, 3, 4, 5 et 6. Le rapport lu par M. Cuvinot à la séance du 10 juillet 1890 justifie ainsi ces conclusions :

« Les motifs invoqués par la commission de la Chambre
« infirment-ils les arguments que nous avions présentés au
« Sénat ? Nous ne l'avons pas pensé.

« Nous nous étions appliqués à démontrer :

« Que les conventions intervenues entre l'Etat et les Com-
« pagnies de chemins de fer laissent à celles-ci, avec la
« responsabilité, le libre choix et la libre disposition de
« leur personnel ;

« Que les employés de tout ordre entrant au service
« d'une Compagnie se trouvent, vis-à-vis de la Compa-
« gnie, dans une situation identique à celle d'un ouvrier
« qui offre ses services à un industriel, à une Société in-
« dépendante de l'Etat ;

« Que l'Etat n'a jamais entendu conserver à l'égard du
« personnel un droit d'ingérence qui lui permettrait d'in-
« tervenir entre les contractants ;

« Que cette intervention aurait pour conséquence, en
« affaiblissant la discipline, de compromettre à la fois la
« sécurité publique et la continuité de l'exploitation.

« Nous persistons donc dans les conclusions que nous
« avions émises et que le Sénat a sanctionnées par son vote
« En conséquence, nous proposons le rejet des articles 2,
« 3, 4, 5 et 6 du projet de la Chambre. »

Après de longues et confuses discussions, les 21 juillet,
25, 27 et 28 novembre 1890, le Sénat repoussa les articles
2, 4 et 6. L'article 1er fut adopté. L'article 3, modifié sur la
proposition de M. Trarieux, devint l'alinéa quatrième de
l'article 1er.

L'article 5 fut adopté avec une simple substitution des
mots « une année » aux mots « six mois » et devint l'article 2 de la loi, concession bien minime faite aux idées de
la Chambre des députés. Quant à l'article 7, il devint
l'alinéa cinquième de l'article 1er.

Cette proposition en deux articles fut renvoyée à la Chambre des députés dont la commission, par un rapport de M. Poincaré, conclut à l'adoption, tout en faisant ses réserves sur la valeur des nouvelles dispositions. Mais la commission voulait faire aboutir la loi, sauf à reprendre dans une proposition nouvelle et spéciale celle des dispositions non adoptées qui pourraient paraître nécessaires.

La Chambre des députés émit un vote conforme, le 22 décembre 1890.

Et, le 27 décembre 1890 fut promulguée la « Loi sur le contrat de louage et sur les rapports des agents des chemins de fer avec les Compagnies » dont seuls le titre et l'article 2 rappellent le but primitif.

Article 1er. L'article 1780 du Code civil est complété comme il suit :

« Le louage de services sans détermination de durée peut toujours cesser par la volonté d'une des parties contractantes.

« Néanmoins la résiliation du contrat par la volonté d'une des parties peut donner lieu à des dommages-intérêts.

« Pour la fixation de l'indemnité à allouer, le cas échéant, il est tenu compte des usages, de la nature des services engagés, du temps écoulé, des retenues opérées et des versements effectués en vue d'une pension de retraite, et, en général de toutes les circonstances qui peuvent justifier l'existence et déterminer l'étendue du préjudice causé.

« Les parties ne peuvent renoncer à l'avance au droit éventuel de demander des dommages intérêts en vertu des dispositions ci-dessus.

« Les contestations auxquelles pourra donner lieu l'application des paragraphes précédents, lorsqu'elles seront portées devant les tribunaux civils et devant les cours d'appel, seront instruites comme affaires sommaires et jugées d'urgence.

Article 2. Dans le délai d'une année, les Compagnies et administrations de chemins de fer devront soumettre à l'homologation ministérielle les statuts et règlements de leurs caisses de retraites et de secours.

Ainsi aboutissait à une loi générale la question spéciale soulevée en 1871. Cette généralisation s'était effectuée peu à peu.

Les premières propositions avaient été limitées aux mécaniciens et chauffeurs. Elles s'étaient, peu à peu, élargies comprenant successivement tous les agents commissionnés (proposition Germain Casse, 1878), tous les agents participant aux caisses de retraites (proposition de Janzé, 1880), enfin, toutes les personnes louant leurs services (contre-projet Trarieux 1881, proposition Cuvinot 1886).

Ce dernier résultat est surtout l'œuvre du Sénat, qui se refusa toujours avec énergie, à voter une loi d'exception, et finit par avoir raison de la résistance de la Chambre.

Celle-ci, avait, d'ailleurs pour céder, plusieurs motifs.

C'était, en premier lieu, le seul moyen qu'elle eût de faire quelque chose pour ceux qu'elle voulait protéger, sauf à reprendre plus tard cette question.

De plus, au cours des débats, la situation des employés des chemins de fer s'était beaucoup améliorée. Les statuts des caisses de retraites de la plupart des compagnies avaient été modifiés dans un sens favorable aux employés (1).

1. « La question des caisses de retraite, dit M. Poincaré dans son
« rapport de 1888, a perdu aujourd'hui presque toute son impor-
« tance, parce que, en fait, les compagnies ont, depuis quelques
« années, remanié dans un sens libéral et humanitaire tous les rè-
« glements de leurs caisses de retraites... Les statuts sont, en géné-
« ral, rédigés dans un véritable esprit de justice. »

La Compagnie de l'Est, par ses statuts de 1879, portait les versements mensuels de la Compagnie à 8 0/0 de la somme des traitements soumis à la retenue.

Chaque agent commissionné versait 8 0/0 de son traitement. Elle exigeait encore 55 ans d'âge et 25 ans de services, mais l'article 19 ajoutait : « Ont droit au remboursement du montant des cotisations personnelles augmenté des intérêts cumulés annuellement au taux bonifié par la Caisse d'Epargne de Paris à ses déposants : 1° Les employés démissionnaires, révoqués ou congédiés pour une cause quelconque ».

Le règlement de 1876 de la Compagnie du Nord décide qu'une retenue de 3 0/0 est opérée sur les salaires mensuels des employés commissionnés et même des auxiliaires, sur leur demande. « Le montant de cette retenue, qui appartient en propre à l'agent, est versé tous les trois mois *à son compte personnel* à la Caisse des Retraites pour la vieillesse, à l'effet de lui constituer une rente viagère à partir de 50 ans » (art. 1er). Les livrets de cette caisse seront remis à l'employé en cas de *démission* ou *révocation*.

Des dispositions analogues à cette dernière se trouvaient dans les statuts des Compagnies de l'Ouest et d'Orléans.

Celle de la Méditerrannée et les chemins de fer de l'Etat ne remboursaient que le capital des retenues, sans intérêts en cas de démission ou de révocation.

Ces améliorations avaient eu l'heureux effet de rendre la Chambre moins opiniâtre dans sa résistance, et, par suite, de faire promulguer, non une loi d'exception et de faveur, mais une loi générale qui, plus claire, aurait pu être un nouvel et puissant élément de défense dans la lutte du législateur contre l'Instabilité.

Limites d'application de la loi.

A quelle espèce de louage de services la loi s'applique-t-elle ?

L'alinéa 1ᵉʳ répond clairement à cette question, au « louage de services sans détermination de durée ». Il semblerait donc qu'il n'y eût pas lieu de poser cette question. Il n'en est rien : M. Planiol, à propos d'un arrêt de la cour d'Amiens (2 janvier 1896) (1) a démontré qu'il y avait deux modes de contrats de louage, dont les ressemblances extérieures étaient nombreuses, mais dont un seul néanmoins, méritait la qualification de louage sans détermination de durée et était régi par la loi de 1890. La cour avait confondu ces deux modes, que M. Planiol distingue ainsi :

« Tantôt le contrat est formé pour une durée illimitée,
« mais les parties possèdent le droit de se dédire à tout
« moment, sauf à observer le délai d'usage entre le congé
« et le départ, quand l'usage ou la convention ne supprime
« pas entièrement ce délai. Tantôt le contrat est conclu
« pour une durée préfixe, ordinairement brève, un mois
« par exemple, mais avec faculté de renouvellement, tou-
« jours aux mêmes conditions et pour la même durée ».

Au contrat de la première forme seul s'applique la loi de 1890, car seul il est à durée indéterminée.

De plus, appliquer la loi à la deuxième forme, équivaudrait à infliger des dommages-intérêts non seulement à celui qui rompt le contrat, mais aussi à celui qui refuse de contracter.

Il y a là, en effet, une série de contrats sucessifs, prenant

1. D. 92. 2. 489 et la note.

fin avec chaque période et aussitôt conclus pour une période égale et non pas un contrat unique.

A quelles personnes la loi nouvelle s'applique-t-elle ?

« Il est certain, disait M. Clément au Sénat le 14 novem-
« bre 1887, que ce sont toutes les relations entre ceux qui
« occupent des ouvriers, des ingénieurs, des employés de
« toute espèce, les patrons, les Compagnies, les sociétés,
« et ceux qu'ils occupent, que la loi va régir et atteindre ».

La loi a donc une portée aussi vaste que possible. Elle s'appliquera toutes les fois qu'il y aura, entre deux personnes, un contrat de louage de service à durée indéterminée, sauf quelques rares exceptions (1).

Il faut qu'il y ait louage de services. Il faut donc, lorsqu'on veut en un cas déterminé savoir s'il faut appliquer la loi de 1890, savoir en premier lieu s'il y a louage de services.

Il est, en effet, un contrat dans lequel se trouvent en présence, comme dans le louage de services, deux personnes dont l'une charge l'autre d'exécuter, pour un prix convenu, un certain travail, c'est le contrat de mandat salarié. Il est difficile de distinguer par lequel de ces contrats les parties sont liées. Cela est important, car les règles du mandat et celles du louage sont très différentes : *en principe* le mandat peut être révoqué (art. 2004) sans motifs, à quelque moment que ce soit, selon le bon plaisir du mandant.

1. Les Cies des chemins de fer auraient cependant, paraît-il, essayé, mais en vain, de faire admettre par les tribunaux que la loi ne s'applique qu'à leurs rapports avec les agents commissionnés, et non avec les auxiliaires, sous prétexte que ces derniers ne font par partie du personnel. (*Rev. de dr. indust.*, 95, p. 2).

La question se pose, notamment pour les agents des Compagnies d'assurances, dont la rétribution consiste, non en un salaire fixe, mais en une remise sur le montant des assurances réalisées. La jurisprudence considère ce contrat comme étant un mandat salarié (1).

Comment, d'une manière générale, distinguer le mandat salarié du louage de services ?

Selon un premier système, très en faveur autrefois, il y aurait mandat toutes les fois que l'une des parties se serait engagée à fournir des services exigeant des efforts intellectuels, et louage lorsque ces services seraient matériels ou mécaniques.

Mais cette distinction est peu satisfaisante, le louage de services comportant souvent des efforts intellectuels.

Aussi une seconde théorie, toute différente, a-t-elle aujourd'hui rallié la majorité des suffrages (2). Selon ce dernier système, il y a mandat lorsqu'une personne chargée d'accomplir un acte pour un autre, agit au nom de cette personne et comme la représentant. Il y a donc une question de fait. Lorsqu'en un cas quelconque on voudra savoir s'il y a mandat ou louage de services, il faudra tout d'abord déterminer si l'acte accompli est de ceux que son auteur pouvait accomplir seul, en son nom propre, ou si, au contraire, il est de ceux dont l'accomplissement exigeait que la personnalité de l'auteur fût complétée, par celle d'une autre personne. Le type de ces derniers est l'acte juridique, convention ou autre.

Si l'acte accompli exigeait concession d'un pouvoir par

1. D. 73. 2. 176.
2. Aubry et Rau, t. IV, § 371, n° 1. — Pont, *Petits contrats*, t. I, n°s 821 et s.

celui pour qui l'acte a été accompli, à celui par qui il l'a été, il y a mandat.

Si, au contraire l'acte consistait en une prestation de services n'exigeant la concession d'aucun pouvoir, il y a louage de services.

Très fréquemment, d'ailleurs mandat et louage de services se trouveront unis dans le même acte.

« Lorsqu'il s'agit d'un acte juridique, dit M. Planiol, (1) à accomplir pour le compte d'autrui, le mandat se cumule nécessairement avec un engagement qui sera, suivant les cas, un louage de services, un service à l'entreprise ou un service gratuit.

En d'autres termes, l'opération régie par les articles 1984 à 2010 du c. civ. sous le nom de mandat, est une opération complexe qui comprend : 1° la concession d'un pouvoir par le mandant au mandataire, ce qui constitue à proprement parler, le mandat ; 2° un engagement, gratuit ou rétribué, pris par le mandataire envers le mandant de lui rendre certains services. »

La complexité du contrat est surtout évidente en ce qui concerne l'agent d'assurances, qui est mandataire de la Compagnie qu'il représente auprès des tiers avec lesquels il contracte, mais qui est également lié par un louage de services, l'obligeant à effectuer certaines opérations, à contracter avec des tiers. Ce double contrat sera régi par les règles combinées du mandat et du louage de services, de sorte que « le mandat ne cessera pas d'être révocable à volonté, mais l'exercice intempestif de cette faculté donnera lieu à l'application du nouvel article 1780. » (2)

D'ailleurs cette distinction entre le louage de services

1. Note sous cass., 18 juillet 1892, D. 92. 1. 585.
2. *Ibid.*

et le mandat salarié n'a plus qu'une importance purement théorique. La jurisprudence, en effet, admet, ainsi que nous le verrons plus loin, la théorie suivant laquelle la loi du 27 décembre 1890 n'aurait en rien modifié le droit antérieur. La situation des parties est donc la même, qu'elles soient liées par un mandat ou un louage de services.

Dans les deux cas le droit de résilier en tous temps est absolu, sauf en certain cas à attribuer des dommages-intérêts à la partie congédiée ou quittée.

La distinction serait, au contraire, très importante si la jurisprudence admettait la théorie suivant laquelle la loi de 1890 aurait supprimé le droit de libre résiliation en matière de louage de services.

La loi de 1890, avons-nous dit, s'applique toutes les fois qu'il y a contrat de louage de services sans détermination de durée, sauf quelques exceptions.

Ce sont ces exceptions qu'il s'agit de déterminer, car la loi ne les indique pas et les renseignements que nous donnent, à cet égard, les travaux préparatoires sont peu nombreux et surtout peu précis. Ils suffisent néanmoins à nous indiquer de quel côté nous devons diriger nos recherches : les employés et ouvriers des particuliers sont tous soumis à la loi de 1890. Seuls les agents, fonctionnaires, employés et ouvriers de l'Etat, des départements et des communes sont dans une situation assez exceptionnelle pour qu'on se demande si la loi les vise également, ou s'ils n'en profitent pas.

Agents et Fonctionnaires de l'Etat

La loi du 28 décembre 1890 ne s'applique certainement pas aux agents et fonctionnaires de l'Etat.

» Le gouvernement, dit M. Poincaré dans son rapport,
» nomme et révoque ses agents, mais il est responsable de
» ses actes devant les Chambres et l'opinion publique. Et
» si les tribunaux refusent d'accorder une indemnité aux
» fonctionnaires révoqués, c'est pour ne pas empiéter sur
» les attributions de l'exécutif qui agit dans la plénitude de
» ses droits, sous le contrôle du Parlement. »

Le 18 juillet 1873, le Conseil d'Etat a décidé, par deux arrêts en tous points semblables, que la décision ministé-rielle qui révoque de ses fonctions un conducteur des ponts et chaussées ne peut être attaquée devant le Conseil d'Etat par voie contentieuse, alors qu'elle n'a été rendue en violation d'aucune loi ou règlement. Cette révocation ne constitue qu'un acte d'administration. (1)

Il en est de même de la révocation de tous les agents et fonctionnaires de l'Etat.

Employés des Chemins de fer de l'Etat

Les employés des chemins de fer de l'Etat bénéficient-ils des dispositions de la loi de 1890?

M. Poincaré, dans son rapport, répondait affirmative-ment, déclarant qu' « ils doivent être traités comme ceux des Compagnies. Leur emploi est, en effet, le même, leurs fatigues sont les mêmes, ils sont astreints à la même discipline. »

Et, le 22 décembre 1881, le Ministre des Travaux Publics disait qu' « il ne saurait y avoir de doute. Les Che-
» mins de fer de l'Etat sont administrés en dehors du Mi-
» nistre des Travaux Publics. Les chemins de fer de l'Etat
» ne sont autre chose qu'une Compagnie particulière dont

1. *Recueil de Lebon,* 1873, p. 660 et 667.

» le ministre nomme les administrateurs, et les adminis-
» trateurs nomment leurs agents dans les conditions ordi-
» naires des compagnies. »

Mais, d'autre part, M. le commissaire du Gouvernement Marguerie soutint devant le Conseil d'Etat, le 10 juillet 1885, un système absolument contraire au précédent. Il prétendait que l'administration des chemins de fer de l'Etat constituait un établissement public, parce qu'elle est chargée de gérer un service public et parce que la loi lui a attribué des ressources spéciales. (1)

En outre, le budget des chemins de fer de l'Etat est voté, comme celui de la Légion d'Honneur, par le Parlement et est rattaché au budget général de l'Etat.

Il résulte d'ailleurs de l'article 11 du décret du 25 mai 1878 sur l'organisation des chemins de fer de l'Etat que les agents de ces chemins de fer sont assimilés aux agents de l'Etat. (2)

Ils n'ont donc pas le droit de se pourvoir par voie contentieuse contre la décision qui a provoqué leur révocation.

Le conseil d'Etat ne s'appropria pas les arguments du commissaire du Gouvernement. Il rejeta néanmoins la requête de l'employé qui réclamait une indemnité pour avoir été renvoyé sans motifs, mais ce fut sans se prononcer sur la question de l'assimilation des agents des chemins de fer de l'Etat aux agents de l'Etat.

1. Décret du 25-27 mai 1878, art. 11 à 28.
2. Voici le texte de cet article : Les divers agents actuellement employés sur les lignes rachetées seront, sauf le cas de mauvais service ou de suppression d'emploi, conservés dans la situation analogue... Ces agents ainsi que ceux qui pourraient être ultérieurement attachés au service des lignes rachetées seront pendant la durée de leur services considérés comme agents temporaires de l'Etat.

« Considérant que la décision par laquelle le conseil d'administration des chemins de fer de l'Etat a prononcé la révocation... a été prise par ledit conseil dans l'exercice des pouvoirs que lui confère l'article 4 du décret du 25 mai 1878 (1), qu'ainsi ni le recours formé par... contre la dite décision... ni la demande d'indemnité formée contre l'Etat à raison de la révocation dont s'agit ne sont de nature à être portés devant le conseil d'Etat par la voie contentieuse. » (2)

Cette décision laisse la question entière ainsi que le disait M. Poincaré dans son rapport: « Il appartient à la Chambre, ajoutait-il, d'assimiler les agents des chemins de fer de l'Etat à ceux des Compagnies, sans qu'elle ait même à craindre de se mettre en contradiction avec un arrêt d'espèce qui, au surplus, ne la lierait pas. »

Or il semble résulter des débats que l'intention des Chambres était de ne pas exclure les agents des chemins de fer de l'Etat du bénéfice de la loi.

Mais l'opinion de M. Poincaré, le désir de la Chambre ne suffisent pas pour permettre d'étendre une loi au-delà des limites tracées par son texte même. Or la loi de 1890 ne parle pas des employés des chemins de fer de l'Etat, et ceux-ci étant assimilés par l'article 11 du décret de 1878 aux agents de l'Etat, il eût fallu une disposition spéciale pour déroger à la règle générale selon laquelle les règles du louage de services ne s'appliquent pas aux rapports entre l'Etat et ses agents.

---

1. Décret de 1878, art. 4 : « Le conseil d'administration..... aura notamment le pouvoir : 1° de nommer et révoquer, sur la proposition des directeurs tous les agents et employés. »
2. D. 87, 3. 1.

D'ailleurs, ainsi que l'a jugé la Cour d'Orléans, le renvoi d'un employé des chemins de fer de l'Etat est un acte administratif dont l'appréciation est interdite à l'autorité judiciaire. Les tribunaux administratifs seuls sont compétents. L'arrêt ne se prononce pas sur l'application, par ces tribunaux, de la loi du 26 décembre 1890.

Employés communaux

Les employés communaux sont nommés et révoqués par le maire en vertu de l'article 92 de la loi du 28 juillet 1837 relative à l'administration municipale, qui décide que le maire : « nomme à tous les emplois communaux pour lesquels la loi ne prescrit pas un mode spécial de nomination. Il suspend et révoque les titulaires de ces emplois.»

La révocation est donc un acte administratif.

On a prétendu que la nature de l'acte changeait lorsque la nomination a été précédée de pourparlers au sujet des conditions, entre l'administration municipale et l'employé.

Il y a alors, a-t-on dit, louage de services, les pourparlers donnant à l'acte le caractère d'un contrat, ayant toutes les apparences d'un louage de services.

Le tribunal des conflits s'est prononcé contre cette opinion par deux arrêts en date l'un du 27 décembre 1879 et l'autre du 7 août 1880. (1) Il a, en effet, décidé que les pourparlers entre le maire et l'employé ne font nullement perdre à l'acte son caractère administratif. En conséquence, les tribunaux civils sont incompétents.

Nous pensons que, s'il est vrai que le maire, en révoquant son employé, fait un acte rentrant dans ses attribu-

1. D. 80. 3. 89 et 82. 3. 27.

tions, il n'en est pas moins vrai que l'engagement a tous les caractères d'un louage de services, surtout si l'accord s'est fait après discussion des conditions. La solution contraire est d'une injustice absolue.

Néanmoins, le Conseil d'Etat a décidé, le 29 avril 1892, que la loi de 1890 n'était pas applicable aux employés communaux en déclarant, ainsi qu'il l'avait fait avant 1890, qu'il n'y a pas, dans leur cas, louage d'ouvrage.

Employés des Manufactures de l'Etat.

Les uns sont des fonctionnaires, les autres de simples employés ou ouvriers. Aux premiers, la loi de 1890 ne saurait s'appliquer.

Elle s'applique au contraire aux employés et ouvriers, liés par un simple contrat de travail, nommés et révoqués par le Directeur, et qu'aucun texte n'exclut du droit commun.

Etude des dispositions de la loi.

Le but de la loi de 1890 est clair : donner plus de sécurité à l'employé en empêchant l'employeur de le congédier par caprice, surtout si l'existence d'une caisse de retraites a pu faire espérer à cet employé des avantages futurs dans l'espérance desquels il a accepté les conditions que lui proposait l'employeur.

Subsidiairement (car la loi a été faite surtout dans l'intérêt de l'employé), elle donne à l'employeur plus de sécurité en obligeant l'employé à plus de fixité.

Par quels moyens essaie-t-elle d'atteindre ces buts ? Ici commence l'obscurité, car toutes les dispositions de la loi sont susceptibles de plusieurs interprétations, et il est difficile de savoir à laquelle s'arrêter, les débats ayant été confus à tel point que plusieurs membres du Parlement ont déclaré à la tribune qu'ils ne comprenaient rien à la discussion. Les opinions les plus contradictoires ont été exposées et approuvées. Rien de définitif n'a été dit.

« L'art. 1780 est complété comme il suit. »

A la séance du 25 novembre 1890, M. Cuvinot insistait sur ce mot *complété*, qui, écrit dans la proposition votée par le Sénat, avait été remplacé dans le texte voté par la Chambre par le mot *modifié*, changement fait, disait-il, par erreur et qu'il rectifiait, d'accord avec le rapporteur de la commission de la Chambre.

Néanmoins, il est à remarquer que, dans la discussion, c'est le mot *modifié* qui a été le plus souvent employé, soit par le ministre des travaux publics (1). soit par M.Trarieux (2), soit par M. Tolain ou par M. Léon Renault (3).

« Le louage de services fait sans détermination de du-
« rée peut toujours cesser par la volonté d'une des parties
« contractantes. »

Le projet voté par la Chambre déclarait, au contraire, que « la convention... ne peut être résiliée sans motifs légitimes par la volonté de l'une des deux parties contractantes que moyennant la réparation du préjudice causé à l'autre. »

« Nous avons voulu, dit le rapporteur de la commission du Sénat, M. Cuvinot, « nous prononcer d'une façon très « nette contre la doctrine résultant de ce texte ». « Il faut,

1. Sénat, S. du 26 novembre 1890.
2. Sénat, S. des 26 nov. et 28 novembre 1890.
3. Sénat, S. du 25 novembre 1890.

dit également M. Poincaré dans son rapport, maintenir le principe salutaire de la liberté absolue de résiliation. »

C'est pour affirmer ce principe que la loi débute ainsi.

Des dommages-intérêts.

« Néanmoins, la résiliation par la volonté d'un seul des contractants *peut donner lieu* à des dommages-intérêts. »

Ces mots : peut donner lieu, sont extrêmement vagues et la loi ne les explique pas. L'art. 1ᵉʳ, présenté par la commission du Sénat en **1887**, qui contenait ces mots, les précisait, les expliquait, en ajoutant qu'il fallait que le congé fût donné *de mauvaise foi et à contre-temps* pour qu'il y ait lieu à indemnité. Mais la commission de la Chambre supprima ces derniers mots comme « vagues et mal définis » et leur substitua le texte actuel.

Aussi, deux systèmes sont-ils en présence. Selon le premier, soutenu par M. Planiol (2), il y a lieu à indemnité par le fait même de la rupture, sauf à celui qui résilie le contrat à prouver qu'il avait, pour agir ainsi, des motifs légitimes. Selon le second système, adopté par la jurisprudence, il n'y a lieu à indemnité que si la rupture a été abusive, et c'est au demandeur en indemnité à prouver l'abus.

Donc, double divergence : 1° sur la cause de l'indemnité ; 2° sur la question de preuve.

Système de M. Planiol.

La loi de 1890 a non pas *complété*, mais *modifié* l'art. 1780 du Code civil.

2. Notes sous Amiens, 2 janvier 1892. D, 92. 2. 489 et sous Grenoble, 23 janvier 1893, D. 93. 2. 377.

Sous l'empire de cet article, le louage de travail sans détermination de durée était résoluble en tous temps par l'une des parties sans que celle-ci ne pût être condamnée à aucune réparation, sauf le cas de faute, ou de violation des usages ou des conditions expresses ou tacites du contrat.

« Cette faculté a été supprimée et remplacée par une « sorte de droit de résiliation pour mauvais services ou « pour cause majeure. La rupture du contrat ne peut plus « se faire sans motifs par un simple changement de vo- « lonté. Désormais, on peut comparer la situation de l'em- « ployé ou de l'ouvrier à celle qui est faite aux parties « dans les contrats synallagmatiques. » Toutefois, il n'y a qu'analogie et non pas similitude. Dans les contrats synal- lagmatiques, en effet, si même l'une des parties est en faute, l'autre ne peut que demander à la justice la résilia- tion du contrat. Ici, au contraire, la nullité de l'engage- ment à vie subsistant, chacune des parties peut, en tout temps, résilier le contrat sans intervention de la justice, même au cas où l'autre partie ne serait pas en faute.

Mais, en cas de résiliation, la partie congédiée a droit à des dommages-intérêts, à moins que l'autre ne prouve qu'elle a été déterminée par des motifs légitimes. S'il ne peut justifier de la légitimité de ces motifs, celui qui a ré- silié devra être condamné, même si la résiliation a été précédée du congé d'usage.

Ce système, outre qu'il fait de la loi une arme puis- sante contre l'instabilité, et, par suite, une conséquence lo- gique, une suite évidente des efforts qui l'ont précédé, s'ap- puie sur des arguments très solides.

Il a été soutenu à la Chambre par de nombreux orateurs et, ce qui est plus probant, c'est lors des dernières séances du Sénat; celles qui ont précédé immédiatement ou accompagné le vote, que ce système a été soutenu le plus énergiquement.

L'art. 1er avait été adopté et on discutait un art. 2, présenté par M. Maze et ainsi conçu : « La convention par laquelle les compagnies et administrations de chemins de fer louent les services de leurs agents commissionnés, ne peut être résiliée, sans motifs légitimes, par la volonté de l'une des deux parties contractantes que moyennant la réparation du préjudice causé à l'autre partie. » M. Yves Guyot, ministre des travaux publics, dit :

« Vous avez adopté l'art. 1er. Eh bien, dans cet art. 1er, vous avez reconnu vous-mêmes que la résiliation du contrat par la volonté d'une seule des parties contractantes peut donner lieu à des dommages-intérêts, et l'art. 2 du projet actuel répète exactement ces dispositions qui se trouvent dans l'art. 1er. Il y a donc en plus ces mots : *sans motifs légitimes*. Est-ce que vous croyez que, lorsque les tribunaux auront à apprécier l'application de l'art. 1er, ils ne s'enquerront pas aussi des motifs plus ou moins légitimes qui auront pu provoquer la résiliation du contrat » (1).

M. Léon Renault, soutenant la même théorie, déclara (2) que l'art. 1er voté modifiait profondément l'art. 1780. « Que veulent dirent ces mots « peut donner lieu à des dommages-intérêts ? » « Ils ne peuvent avoir qu'une seule signi-« fication : c'est qu'il y aura lieu à dommages-intérêts si « la rupture du contrat, voulue par une seule des parties « contractantes, n'est pas appuyée de motifs légitimes, car,

1. Sénat, séance du 25 novembre 1890, *J. O.*, p. 1073.
2. *Id.*, p. 1075.

« en dehors de cette interprétation de la disposition ajou-
« tée par le projet de loi à l'art. 1780, il n'y en a pas
« d'autre que la raison puisse concevoir, que la cons-
« cience puisse supporter. » Et plus loin : « Qu'est-ce que
« l'art. 2 du projet de loi qu'on nous propose d'ajouter à
« ce nouvel art. 1780, ajouterait aux principes posés dans
« cet article tel qu'il a été modifié par la commission et
« déjà voté par nous ? Rien, absolument rien ! » (*Approbation sur plusieurs bancs*). Il disait encore que l'art. 1er
et l'art. 2, c'était « bonnet blanc et blanc bonnet », et au
milieu de l'approbation générale, il déclara que voter l'art.
2, c'était « rééditer le tempérament au droit de rupture
réciproque des conventions, prévu et défini par le nouvel
art. 1780. »

A la séance suivante, un autre orateur insista sur cette
idée (3).

« Je me demande, et je vous demande à tous, messieurs,
en quoi cette disposition de l'art. 2 peut différer du principe général consacré par l'art. 1er que nous avons voté.

« J'ai demandé depuis le commencement de cette discussion qu'on voulût bien préciser cette différence. Je n'ai
pas pu encore obtenir de réponse satisfaisante : on n'a
même pas essayé de me répondre.

Pourquoi cela ? Par une raison bien simple : c'est que
cette différence n'existe pas.... Je le répète, le mot *pourra*
de l'article 1er ne peut avoir d'autre sens, d'autre significa-
tion, d'autre portée que les mots qui se trouvent dans l'article 2 : *sans motif légitime* ».

Plus tard encore, le 18 octobre 1892, M. Julien Goujon

3. Sénat, séance du 27 novembre 1890, *J. O.*, p. 1084. Discours de
M. Bernard.

déclarait à la Chambre des députés, sans qu'il se trouvât qui que ce soit pour protester, qu'« en vertu de la loi du 27 décembre 1890, il n'est pas permis à un employeur de renvoyer un ouvrier sans motifs légitimes ou sans lui payer une indemnité ».

D'ailleurs, si l'on admet que les Chambres, en votant la loi, ont eu l'intention de faire quelque chose, il faut admettre que cette loi contient une innovation, et, pour savoir où se trouve cette innovation, il faut considérer le but que se proposaient les Chambres, en adoptant la loi.

Ce but ressort clairement tant des travaux préparatoires que des débats parlementaires. C'est de « rendre plus stable la situation que les salariés réussissent à se faire dans la maison de leur patron » et de « lier les deux parties l'une à l'autre d'une façon plus solide qu'auparavant » (1).

Or, le moyen le plus simple et le plus certain d'atteindre ce but n'était-il pas de permettre à l'employé de discuter les motifs de son renvoi et d'ouvrir le droit à indemnité toutes les fois que la rupture ne sera pas appuyée sur des motifs légitimes ?

Le défaut de ce système est d'être peut-être trop efficace en ce sens qu'il lie trop énergiquement les parties ensemble, et permet l'allocation de dommages-intérêts dans des cas où il serait plus équitable qu'ils ne fussent pas accordés, ou bien au contraire, il faut entendre les mots motifs légitimes dans un sens si large que la loi reste sans efficacité.

Des ouvriers se mettent en grève, puis, ils veulent rentrer à l'atelier. Le patron refuse de les recevoir. Ils deman-

1. M. Planiol, D. 93. 2. 377.

dent des dommages-intérêts pour rupture du contrat, le patron les refuse, alléguant que leur grève est un motif suffisant pour rompre le contrat, qu'il ne peut reprendre des ouvriers ayant donné un tel exemple d'indiscipline. Ne peuvent-ils lui répondre : la grève est une situation reconnue par la loi, légitime. C'est pour nous l'exercice d'un droit qui ne saurait constituer une faute, ni par conséquent, un motif légitime de renvoi.

D'autre part, un ouvrier donne congé pour aller occuper une autre place, où il sera mieux rétribué, ou qui lui convient mieux, ou bien encore il veut devenir patron à son tour. Un patron dont les affaires diminuent congédie quelques ouvriers, ou bien il invente une machine qui lui permet de renvoyer des ouvriers.

Tous ces motifs sont-ils légitimes ? S'ils ne le sont pas, patrons et ouvriers se trouveront écrasés sous le poids des dommages-intérêts. S'ils le sont, on arrive à cette formule que tout motif qui n'est pas contraire aux lois est légitime et le lien qui unit l'employeur à l'employé sera relâché au lieu d'être resserré.

Le point de départ de ce système est l'idée que les Chambres, en votant la loi de 1890, ont voulu faire quelque chose de nouveau. Or, il ne semble pas qu'il en soit ainsi. Il a été déclaré bien souvent, soit dans les rapports, soit à la tribune, que le but de la loi n'était pas d'innover, mais — ce qui est, pour une loi une singulière mission — de consacrer la jurisprudence antérieure.

Aussi, le système précédent, qui est certainement le plus juridique et qui serait le meilleur si le législateur avait indiqué quels étaient les *motifs légitimes* autorisant la résiliation (indication qui se trouve dans plusieurs lois étrangères et dont l'absence fait présumer que l'intention du législateur de 1890 n'a pas été de vouloir l'application de ce système) ne semble pas être celui de la loi nouvelle.

Second système.

La loi de 1890 n'a aucunement modifié l'article 1780 du Code civil, ni la jurisprudence antérieure. Elle s'est bornée à compléter l'un, à donner force de loi à l'autre. Après comme avant cette loi, le contrat de travail est résiliable en tous temps, par la volonté d'une des parties. Toutefois, la loi a une certaine utilité en ce qu'elle permet aux tribunaux, tout en maintenant leur jurisprudence antérieure, d'être plus larges dans l'attribution des dommages-intérêts.

D'une part, en effet, après comme avant la loi il y aura lieu à dommages-intérêts en cas d'inobservation des délais de congé. Mais, d'autre part, les juges pourront plus facilement accorder des dommages-intérêts lorsque le congé aura été donné sans motif ou dans le but de nuire.

En exposant le système du Code civil, nous avons essayé de montrer que les tribunaux pouvaient considérer le renvoi sans motif ou dans le but de nuire comme une violation des conditions tacites du contrat. Non seulement l'existence d'une telle clause est rendue plus évidente par la loi de 1890, mais cette loi permet, en outre, l'allocation de dommages-intérêts toutes les fois qu'il y aura eu *abus* du droit de résiliation. C'est ce que nous allons essayer de démontrer. Mais, auparavant, nous devons nous expliquer sur le sens que nous donnons, ici, au mot *abus*. En effet, il ne saurait être question ici d'abus au sens juridique du mot, aussi n'est-ce pas ainsi que nous l'entendons, mais au sens vulgaire, au sens d'usage excessif, nuisible et contraire à l'équité, que donnaient à ce mot les nombreux orateurs qui l'ont employé, tant à la Chambre des députés qu'au Sénat, en expliquant quel était le but de la loi.

La clause tacite que nous admettions sous l'empire du Code civil est donc, depuis 1890, fondée tout à la fois sur l'équité et sur la loi. Quel était, en effet, le but que se proposait le législateur de 1890 ?

« La règle posée par la Cour de cassation, dit M. Cu-
« vinot, est que le louage de services sans détermination
« de durée peut toujours cesser par la volonté de l'une des
« parties, en observant toutefois les délais de congé com-
« mandés par l'usage, ainsi que les autres conditions ex-
« presses ou tacites du contrat : *Nous croyons qu'il convient*
« *de maintenir cette règle....*».

Et, le 22 décembre 1890, c'est-à-dire postérieurement au vote du Sénat, immédiatement avant celui de la Chambre, M. Poincaré fit la déclaration suivante : « Nous ne donnons pas en réalité aux tribunaux une faculté nouvelle, nous leur donnons l'exercice plus libre, plus rationnel d'une faculté qu'ils ont déjà ».

En quoi consiste cette faculté nouvelle ? « La loi, dit M. Humbert (1), a déclaré que la résiliation ne pourrait pas être faite d'une manière contraire à l'équité sans donner lieu à des dommages-intérêts. Voilà l'idée fondamentale ».

« Elle ouvre, dit M. Trarieux (2), l'action en dommages-intérêts toutes les fois qu'elle semblera fondée sur l'équité », c'est-à-dire toutes les fois qu' « il sera établi par la partie plaignante qu'il y a eu *abus*. Ce n'est que dans le

1. Sénat, séance du 28 novembre 1890, p. 1096, col. 3.
2. *Ibid.*, p. 1095.

cas net et précis où il y aurait eu *abus* jugé par le tribunal qu'il pourra y avoir lieu à dommages-intérêts (1) ».

Donc, dans l'intention des auteurs de la loi, les mots « peut donner lieu » équivalaient à « donne lieu en cas d'abus », c'est-à-dire d'exercice contraire à l'équité. La loi suppose donc l'existence de la clause dont nous affirmions l'existence et par laquelle les parties s'engagent à ne pas rompre injustement le contrat qu'elles ont le droit incontestable de rompre à toute époque. Lors donc, que la résiliation a été abusive, la victime de cette résiliation pourra obtenir des dommages-intérêts, si elle prouve que la clause tacite dont il s'agit a été violée, ce qu'elle fera en prouvant l'abus, sauf, naturellement, au défendeur à faire la preuve contraire, à expliquer son acte. S'il a eu un motif suffisant pour résilier le contrat, il n'a fait qu'user de son droit, sans en abuser et il ne peut y avoir lieu à dommages-intérêts.

Les tribunaux auront d'ailleurs toute latitude pour décider s'il y a eu, ou non, abus. Sur ce point il y a eu, dans les débats parlementaires comme dans les rapports, presque unanimité.

Cette solution est certainement la plus équitable car c'est celle qui ouvre le plus largement le droit aux dommages-intérêts, tout en laissant la preuve à la charge du demandeur, solution indispensable pour éviter la multiplicité des procès (2).

---

1. M. Loreau, Chambre des dép., séance du 22 déc. 1890, p. 2619, col. 1.

2. M. Sauzet, en une très intéressante étude publiée dans les *Annales du droit commercial*, propose une solution plus juridique certainement, mais qui a le double inconvénient d'être basée sur une

Il nous semble donc qu'après comme avant la loi du 27 décembre 1890, pour qu'il y ait lieu à des dommages-intérêts, il faudra qu'il y ait d'une part abus, contre-temps ou mauvaise foi ; d'autre part, un préjudice causé par la rupture, et ce sera au demandeur en indemnité à prouver que les caractères de la résiliation sont tels qu'il lui est dû réparation. L'autre partie pourra ensuite, pour échapper à l'obligation de payer des dommages-intérêts, alléguer et prouver des faits légitimant la résiliation. Les tribunaux auront toute latitude pour apprécier les faits allégués de part et d'autre. La loi leur indique seulement quelques circonstances pouvant justifier l'existence d'un préjudice.

D'ailleurs, les termes mêmes de la loi : « peut donner lieu » semblent signifier que l'attribution des dommages-intérêts est, non la règle, comme l'impliquerait le premier système, mais l'exception.

On peut objecter qu'avec notre système l'utilité de la loi de 1890 est très contestable. Cela est certain, et la véritable raison de son vote est peut-être que les Chambres

théorie très contestable et très contestée de la faute délictuelle (art. 1382) et de restreindre beaucoup le droit aux dommages-intérêts.

Il part de ce principe que le seul fait qu'on exerce un droit n'est pas exclusif de la faute, mais qu'il faut, en outre, que cet exercice soit renfermé dans certaines limites, soit normal, « cet exercice comporte une limite, l'équité le veut ainsi ». Il admet donc le système proposé par M. Saleilles et suivant lequel, dans le cas même où il y a exercice d'un droit, il peut y avoir faute consistant en un *fait d'intention* et il conclut ainsi :

« La cause, le principe de l'action en indemnité ouverte par l'a-
« linéa deuxième de l'article 1780, ce n'est pas seulement le préju-
« dice éprouvé par la victime de la résiliation, c'est la faute de l'au-
« teur de la résiliation et cette faute consiste, soit dans la violation
« d'un usage ou d'une condition expresse ou tacite du contrat, soit,
« hors ces cas, dans la volonté de causer le préjudice conformément
« à l'article 1382. »

voulaient faire aboutir à un résultat, des discussions qui avaient duré près de vingt ans.

Les conséquences de notre système sont naturellement très différentes de celles du précédent.

Un patron renvoie son ouvrier pour un motif minime. S'il devait, comme l'exige le premier système, prouver la légitimité du motif, cette preuve lui serait peut être impossible à faire et il devrait payer des dommages-intérêts, tandis qu'avec notre système il faudra, pour obtenir une indemnité, que l'ouvrier prouve l'abus, preuve qui lui sera peut être, dans les mêmes circonstances, non moins impossible, le motif pouvant être suffisant pour expliquer l'acte sans pouvoir être considéré comme légitime.

Des ouvriers se mettent en grève. Le patron les invite à reprendre le travail. Ils refusent. Ils pourront être condamnés à des dommages-intérêts. En effet, ainsi que l'a dit le Ministre des Travaux Publics dans une circulaire du 23 janvier 1893 :

« Il peut arriver que des grévistes appartenant à des éta-
« blissements dans lesquels les usages ou les règlements
« d'atelier ont établi la clause de délai-congé, semblent
« croire que la liberté de coalition les autorise à tenir pour
« nul et non avenu le contrat de louage. C'est là une
« erreur grave. Collective ou individuelle, la rupture du
« contrat de louage est, en effet, soumise aux mêmes
« règles. Elle peut donner lieu à indemnité. »

De même, le large pouvoir d'appréciation donné aux juges, leur permettra d'accorder des dommages-intérêts à l'ouvrier renvoyé pour l'unique motif d'affiliation à un syndicat, même si le patron invoque d'autres motifs (1).

1. Le 17 mai 1890 fut présentée à la Chambre et adoptée par elle une

C'est d'ailleurs cette considération, exposée au Sénat par M. Léon Renault, qui a été cause de l'ajournement de la proposition Bovier-Lapierre, dont le but était justement l'attribution de dommages-intérêts en ce cas.

Calcul des dommages-intérêts.

« Pour la fixation de l'indemnité à allouer, le cas échéant,
« il est tenu compte des usages, de la nature des services
« engagés, du temps écoulé, des retenues opérées et des
« versements effectués en vue d'une pension de retraite,
« et, en général, de toutes les circonstances qui peuvent

proposition de M. Bovier Lapierre, relative aux syndicats professionnels de patrons et d'ouvriers.

Le but de cette proposition était d'empêcher les patrons, de combattre les syndicats ouvriers en renvoyant les ouvriers qui en faisaient partie. Le moyen employé, énergique, consistait en une sanction pénale. Cette proposition fut combattue à la Chambre par le Garde des Sceaux qui déclara que les syndicats eux-mêmes étaient opposés au vote de cette loi qui aurait pour effet de rendre l'antagonisme entre patrons et ouvriers encore plus grand qu'il n'est déjà. La Chambre passa outre et vota avec une modification modérant les pénalités édictées, le projet présenté par la commission. Elle transmit donc au Sénat la loi ainsi conçue : *Article 1er*. Quiconque sera convaincu d'avoir, par menace de perte d'emploi ou de privation de travail, refus motivé d'embauchement, renvoi collectif d'ouvriers ou employés syndiqués, violences ou voies de fait...... entravé ou troublé la liberté des associations syndicales, professionnelles, ou empêché l'exercice des droits déterminés par la loi du 21 mars 1884, sera puni d'un emprisonnement de 1 mois à 3 mois et d'une amende de 100 à 2.000 francs.

Article 2. Les dispositions de l'article 463 du Code pénal pourront être appliquées aux pénalités édictées par l'article 1er.

Le projet, combattu au Sénat, au nom du principe de la liberté de résiliation, fut ajourné le 2 décembre 1890, sur les observations de M. Léon Renault qui fit remarquer l'inutilité d'un texte spécial à côté de l'article 1780 qui avait, sur le projet présenté, l'avantage de permettre à l'ouvrier d'obtenir des dommages-intérêts si le patron, pour ne pas invoquer le motif d'affiliation à un syndicat, en invoquait d'autres que le tribunal jugerait insuffisants.

« justifier l'existence et déterminer l'étendûe du préjudice
« causé. »

Des usages. « C'est en réalité le seul élément que re-
tiennent aujourd'hui les tribunaux. Il est insuffisant mais
nécessaire. Nous le mettons en première ligne (1). »

Cet élément est d'autant plus insuffisant que, d'une part
il n'y a pas toujours d'usage établi, et d'autre part, les
usages particuliers sont souvent difficiles à constater.

La nature des services engagés. « Il est très juste que
« l'indemnité varie suivant la difficulté du travail, la valeur
« de l'employé, le genre d'industrie, d'art ou de com-
« merce (2). »

Le temps écoulé. « Ce point est d'une grande importance.
« Un employé qui est resté longtemps au service de quel-
« qu'un, qui a consacré plusieurs années de sa vie à un
« établissement industriel, agricole, commercial, a plus
« de droits, s'il est congédié, à la bienveillance de la jus-
« tice, qu'un employé nouveau qui n'avait pas encore l'es-
« poir d'avoir acquis une situation définitive (3). »

*Des retenues opérées et des versements effectués en vue
d'une pension de retraite.* Ce texte est le résultat d'une
transaction entre la Chambre et le Sénat.

Celui-ci avait successivement repoussé toutes les dispositions relatives aux caisses de retraites, qui lui avaientété
présentées et notamment un amendement présenté le 15
novembre 1887 par M. Cuvinot et ainsi conçu :

« La rupture du contrat laisse subsister, nonobstant con-
« vention contraire, les droits éventuels acquis par l'em-
« ployé, à raison de sa participation à une caisse de

1. M. Poiucaré, rapport de 1888, p. 24.
2. M. Poincaré, rapport de 1888, p. 24,
3. *Id.*

« retraites, quel que soit, d'ailleurs le mode d'alimenta-
« tion de cette caisse. »

Fut repoussée également, en deuxième délibération, la
nouvelle rédaction proposée par la commission : « Si le
contrat de louage implique la participation à une caisse de
retraites, la rupture du contrat entraîne de plein droit, à
quelque époque que ce soit, la liquidation de la portion
de rente acquise à l'employé, soit à raison des retenues
opérées sur son salaire, soit à raison des versements effectués ou promis par le patron. »

Mais la Chambre rétablit le paragraphe relatif aux caisses
de retraite, et le Sénat lui donna la forme actuelle, qui laisse
au juge la faculté de proportionner l'indemnité aux sacri-
fices que l'employé aura faits sur son salaire, et ne touche
pas à l'organisation des caisses de retraites, ni à la liberté des
conventions, comme le faisaient les rédactions précédentes.

Il est évidemment équitable de prescrire au juge de
tenir compte, dans le calcul des dommages-intérêts, de
l'existence d'une caisse de retraites, prouvant l'intention des
parties de se lier ensemble pour un temps assez long, et
de faire entrer en compte, soit les retenues opérées sur le
salaire, soit les versements effectués par le patron en vertu
du contrat. Ces versements sont, en effet, une portion du
salaire, une des conditions du contrat en vue desquelles
l'employé a contracté.

La loi emploie une expression assez vague, assez impré-
cise pour laisser au juge une grande latitude. Il pourra,
d'après les conditions du contrat et celle de la résiliation,
accorder à l'employé des dommages-intérêts inférieurs ou
égaux au total des retenues et des versements. Ce large
pouvoir d'appréciation est indispensable. Les premières

rédactions de cette disposition étaient peu satisfaisantes, dangereuses même, parce que trop précises. Elles imposaient au juge, sans tenir compte des conventions survenues entre les parties, non plus que de l'organisation des caisses de retraites, l'obligation d'attribuer à l'employé soit le total des retenues et versements, soit une pension proportionnelle.

Ce système était presque impossible à mettre en pratique. L'organisation des caisses de retraites, en général, s'y opposait. Elles payaient, en effet, les retraites en cours au moyen de prélèvements sur les recettes courantes, et les obliger à restituer aux employés révoqués ou démissionnaires les retenues et versements, c'eût été arrêter net leur fonctionnement.

« Nous n'avons pas cru, disait M. Poincarré, devoir trancher par voie incidente la grosse question de la liquidation anticipée des pensions de retraite. Nous n'accordons ni ne refusons à l'ouvrier le droit de récupérer ses versements. » Mais il espérait voir bientôt des « réformes profondes » dans les règlements des caisses de retraites.

Ce vœu s'est, en partie, réalisé. Deux lois récentes ont commencé à accomplir ces réformes. De ces deux lois il en est une, la première qui, partiellement et pour une industrie particulière, a tranché la question de la liquidation anticipée des pensions. C'est la loi du 29 juin 1894 sur les caisses de secours et de retraites des ouvriers mineurs qui soumet les exploitants des mines et leurs ouvriers à l'obligation de verser chaque mois, soit à la caisse nationale des retraites, soit dans une des caisses prévues par la loi, une somme égale à 4 0/0 du salaire, dont moitié à prélever sur le salaire et moitié à fournir par l'exploitant lui-même.

« Ces versements seront inscrits sur un livret individuel,
« au nom de chaque ouvrier ou employé. » (art. 2).

Il y a là une grande innovation. Désormais, les retenues
et versements, aussitôt opérés et déposés, appartiennent
irrévocablement au titulaire du livret.

Grâce à ce livret, l'ouvrier qui, auparavant, pouvait
perdre tout à coup les sommes retenues ou versées, ou au
moins une partie de ces sommes, quel que fût le motif pour
lequel il quittait l'atelier ou était congédié, l'ouvrier sera
assuré de jouir de sa pension de retraite. De plus, il pourra
savoir facilement, à tout moment, à quelle pension il a
droit.

Enfin, s'il se voit contraint, pour des raisons de santé,
par exemple, à quitter la mine où il travaille pour s'em-
baucher dans une autre, il emportera son livret, continuera
à effectuer les dépôts, et sa pension augmentera malgré le
changement. S'il quitte définitivement l'industrie houil-
lière, sa pension lui sera payée à l'âge fixé, proportionnel-
lement à la somme indiquée sur son livret.

Ce livret est donc un moyen simple et efficace pour donner la sécurité à l'employé.

Pourquoi cette loi est-elle spéciale aux mineurs ?

Pourquoi n'a-t-on pas étendu ces mesures à tous les ouvriers et employés ?

La commission de la Chambre donnait à cette restriction, des motifs que le Sénat, avec raison, n'a pas jugés
exacts. Cette commission déclarait, en effet, que pour
toute autre industrie l'intervention législative serait abusive, étant un empiètement sur les droits du patron. En
matière de mines il n'en était pas de même pour deux raisons : 1° L'industrie minière n'est pas une industrie libre ;

2º l'État, qui a donné la concession, peut, en vertu de la loi de 1810, imposer à son gré au concessionnaire des obligations nouvelles.

La commission du Sénat s'attacha à prouver que cette dernière affirmation était inexacte, mais que, d'ailleurs, l'Etat avait parfaitement le droit de légiférer sur une question où l'intérêt public est, au plus haut point, en jeu.

Si donc le Sénat accepta la loi ainsi restreinte c'est qu'on n'osa pas généraliser immédiatement un système inconnu. Il fallait l'essayer auparavant, et l'industrie minière, proposée par la Chambre, était très propice pour tenter l'expérience.

Si celle-ci donne de bons résultats, la généralisation sera facile.

La seconde loi sur les caisses de retraites est celle du 27 décembre 1895 dont l'objet, tout différent, ne rentre pas dans le cadre de cette étude.

De la renonciation aux dommages-intérêts

« Les parties ne peuvent renoncer à l'avance au droit éventuel de demander des dommages-intérêts en vertu des dispositions ci-dessus. »

Cette disposition, qui semble au premier abord « assez nette pour qu'il soit inutile d'y ajouter un commentaire », ainsi que le déclarait son auteur, M. Trarieux, a donné lieu à de vives critiques et à des interprétations absolument contradictoires.

Elle a d'ailleurs été l'objet, au Sénat, d'une discussion vive et prolongée. On lui reprochait de violer, sans motifs sérieux, l'article 1134 et d'être, de plus, trop facile à tourner.

Mais il était évidemment nécessaire, sous peine de voir
la loi devenir uu texte inutile, d'empêcher une clause de
renonciation qui fût bientôt devenue de style.

Cependant il eût suffi de prohiber la renonciation absolue, complète, tout en laissant les parties libres de fixer
une clause pénale, que le juge aurait eu le pouvoir de déclarer nulle si elle avait été manifestement dérisoire et faite
pour tourner la loi. Il n'en est pas ainsi. La discussion au
Sénat montre nettement que la prohibition atteint toute
clause par laquelle une des parties renoncerait à la faculté
de demander en justice des dommages-intérêts.

« Qu'arrivera-t-il, demanda-t-on au Sénat à M. Trarieux,
si les parties fixent d'avance un chiffre de dommages-intérêts ? » Il répondit : « Mon texte ne laissse aucun doute.
Cette convention ne serait pas opposable. » Il disait encore : « Fixer un chiffre de dommages-intérêts n'est-ce pas
renoncer au droit de faire fixer ces dommages-intérêts par
le juge ? »

Telle n'était pas l'opinion de la Chambre qui trouvait,
avec raison, injuste que la loi pût interdire à un patron de
convenir avec un employé d'une somme qui lui serait versée à titre de dommages-intérêts, pour le cas où le patron,
pour une cause encore incertaine, se verrait forcé de renvoyer cet employé. Une telle rigueur est aussi nuisible à
l'employeur qu'à l'employé, car il est souvent avantageux
pour ce dernier de pouvoir, moyennant le paiement d'un
dédit, accepter une situation meilleure.

Pour connaître exactement la portée que le Parlement a
entendu donner à la clause de renonciation, il suffit de

1. Sénat, séance du 28 nov. 1890, p. 1095.

connaître les déclarations faites au Sénat, immédiatement avant le vote de la loi, par M. Trarieux.

Les débats avaient été si confus que le Président essaya, par deux questions nettement posées, de faire préciser le sens de la disposition :

1° La commission interdit-elle, par sa disposition, la convention qui intervient entre une Compagnie et un employé, lorsque, dans cette convention, prévoyant la rupture du contrat, on a stipulé l'indemnité qui serait alors due ? N'y aurait-il pas lieu de stipuler l'impossibilité pour le contractant de limiter son droit par une clause pénale ?

2° Il semble résulter de la rédaction de M. Trarieux adoptée par la commission, qu'une transaction ne pourrait pas intervenir entre la compagnie et l'ouvrier sans passer par les tribunaux.

Voici la réponse de M. Trarieux :

« Nous défendons, en principe, les clauses pénales... :
« Quant à ces clauses pénales sérieusement et équitable-
« ment stipulées par les parties, dont il a été parlé, nous
« n'avons point à nous en occuper, car il nous a paru
« d'évidence qu'elles feraient forcément la loi des tribu-
« naux si ceux-ci étaient appelés à en apprécier le carac_
« tère... Ce que nous ne voulons pas, c'est que la porte
« reste ouverte à des simulations et à des fraudes, et c'est
« pour ce motif que nous avons tenu à réserver en toute
« hypothèse ce contrôle, s'il plaisait aux parties à leurs
« risques et périls de s'y référer. »

Il semble résulter de cette réponse que la clause pénale, quoique nulle, devra être prise en considération par les juges chargés de fixer les dommages-intérêts.

Il est un autre point fort obscur : quelle est la portée des mots : « en vertu des dispositions ci-dessus » ?

La prohibition s'applique-t-elle à la renonciation aux dommages-intérêts de quelque cause qu'ils proviennent ?

Il y a en effet, en cas de résiliation, deux sources d'indemnité bien distinctes. La première est la rupture sans motifs, à laquelle, certainement la loi s'applique. Mais en est-il de même de la rupture brusque, c'est-à-dire lorsque les délais d'usage ou convenus n'ont pas été observés ?

Ces deux causes, en effet, peuvent se trouver soit réunies, soit séparées. En tous cas, elles doivent être distinguées avec soin. Les dommages-intérêts peuvent, dans le premier cas, être très élevés. Ils le seront beaucoup moins dans le second et seront faciles à calculer, étant toujours égaux à la valeur du travail qui aurait été exécuté ou au salaire qui aurait été payé, si l'on avait observé les délais.

La loi de 1890 n'a pas distingué ces deux sources d'indemnité, si différentes, et dont la seconde devrait échapper à la prohibition de la fixation anticipée, car le montant du dommage est facile à évaluer à l'avance.

Mais la loi a-t-elle envisagé cette seconde cause d'indemnité, ou n'a-t-elle statué qu'en vue du renvoi sans motifs ?

Si on admet, avec M. Planiol, que la loi attribue des dommages-intérêts à la partie quittée ou renvoyée sans motifs légitimes, il est évident qu'elle ne s'est pas occupée du renvoi brusque. « Les principes en vigueur antérieurement à cette loi, dit M. Planiol (1), permettaient déjà d'obtenir de ce chef une indemnité, car le défaut d'observation du délai de congé a constitué, de tous temps, une violation de la convention et des usages. Ce n'est donc pas en vue de cette hypothèse que la loi a statué. »

1. Note sous D. 93. 2. 544.

Mais, même en admettant l'opinion opposée, il faut décider que la loi ne prévoit pas le cas de renvoi brusque, mais seulement le cas d'*abus* de la part d'une des parties, de la faculté de résiliation. Cela ressort des débats parlementaires dans lesquels il a été souvent déclaré que, pour qu'il y ait lieu à dommages-intérêts aux termes de la loi, il fallait qu'il y ait eu abus. Cela ressort encore des motifs qui ont déterminé M. Trarieux à proposer, et la Chambre à voter la clause prohibitive. Le principal est qu' « on ne doit pas, lorsqu'on n'a pas connu l'existence d'un préjudice, lorsqu'il a été impossible d'en apprécier l'étendue, stipuler par avance qu'on renonce au droit dont s'agit. » Or, en l'espèce, le préjudice est, d'avance, certain, et facile à déterminer. Il a été dit aussi qu'il fallait éviter que l'ouvrier ne fût contraint par les circonstances à accepter des conditions injustes. Or, la clause fixant l'indemnité pour renvoi brusque, est toujours, et ne peut être que réciproque. Cette solution est, en outre, la meilleure au point de vue pratique ; ainsi que le montrent les faits suivants :

Peu de temps après le vote de la loi, les conseils de Prud'hommes réunirent leurs membres en Assemblée Générale, et, considérant la loi comme s'appliquant au congé brusque, ils décidèrent qu'en l'absence d'engagements, on respecterait toujours les usages professionnels. Au cas où il y aurait un engagement, s'il était contraire à ces usages, l'une des parties pourrait en opposer la nullité, et dans ce cas. il n'en serait pas tenu compte.

Le Comité central des Chambres syndicales décida alors de faire des démarches pour obtenir la modification suivante au texte de la loi : « Les parties ne peuvent... Toutefois, sont valables les conventions en vertu desquelles les conditions du travail auront été stipulées, ou le délai de congé aura été fixé. »

Cette décision était motivée par le danger qu'offrait la prohibition de fixer des dommages-intérêts en ce cas. C'est le procès presque certain, car il sera toujours possible à l'une des parties, de prétendre que la somme convenue est supérieure ou inférieure à celle que les usages comportent : « Notre expérience personnelle, déclarait un membre du Comité central à la séance du **23** juillet 1891, « nous « met journellement en présence de cette situation parti- « culière, que deux Chambres patronales de la même pro- « fession sont d'avis opposé sur l'usage du délai de congé, « et que deux Chambres syndicales ouvrières de la même « profession sont également divisées d'avis. »

Et le Comité central arrêta les termes d'un modèle de contrat, ayant pour but de diviser les deux éléments de dommages-intérêts, en respectant la loi nouvelle, c'est-à-dire en ne renonçant ni au délai de congé, ni aux dommages-intérêts.

Ils ne se faisaient toutefois pas d'illusions sur la validité de leur formule au point de vue légal : « Peut-être les juges ne tiendront-ils pas compte de votre convention. Cependant si vous l'établissez sur des bases équitables, nous avons la conviction que les tribunaux l'admettront. »

Cette formule était la suivante :

Maison X

Profession

Adresse

M... demeurant... est entré ce jour en qualité de... à raison de... par jour.

Il est entendu qu'en cas de rupture du contrat, quel qu'en

soit le motif, un délai de congé de 24 heures sera exigible.

L'indemnité ou dommages-intérêts, du fait des retenues ou de versements effectués en vue d'une pension de retraite, seront calculés conformément aux usages (loi du 27 décembre 1890).

Fait à Paris, le...

Quelque temps après, la Chambre de la Nouveauté posa au Comité central les questions et en obtint les réponses suivantes, importantes, parce qu'un grand nombre de membres de ce comité étaient conseillers Prudhommes.

Demande : Quel doit être pour les employés le minimum de délai à stipuler ?

Réponse : Pour les employés il n'y a pas d'usage.

Demande : Pour la fixation des dommages-intérêts, en cas de renvoi immédiat de la part du patron, l'indemnité de renvoi peut-elle être uniformément la même ? ou doit-elle être proportionnée au traitement et au temps passé par l'employé chez le patron ?

Réponse : L'indemnité doit être proportionnée au temps pour bien avoir le caractère d'une indemnité et non d'un salaire.

Par exemple, pour les ouvriers payés à la journée, on pourra établir le tableau suivant, donnant des indemnités qui seront très probablement jugées suffisantes par le juge (1). Salaire 4 francs par jour, délai de congé 7 jours Indemnité, 10 francs.

Même salaire, délai, 15 jours. Indemnité 20 francs, etc...

L'opinion selon laquelle la loi de 1890 a laissé absolument de côté la question des dommages-intérêts, en cas de renvoi

---

1. Pour les employés, le comité établit un tableau, à titre de renseignement, indiquant les délais réciproques de congé et les indemni-

brusque, outre qu'elle est appuyée sur des arguments puissants, tirés soit des discussions parlementaires, soit du principe fondamental de la liberté des conventions, offre donc au point de vué pratique de grands avantages, car l'interdiction de fixer à l'avance le délai de congé et l'indemnité pour brusque rupture serait la source de contestations innombrables et difficiles à trancher. Il est indéniable que la clause qui se trouve dans presque tous les règlements d'ateliers, et suivant laquelle une des parties ne peut quitter l'autre sans l'avoir avertie un certain temps à l'avance, ou sans lui payer une certaine somme à titre d'indemnité, n'a rien de contraire à l'équité et est parfaitement légitime, d'autant plus qu'il est parfaitement possible de déterminer à l'avance le préjudice causé.

Donc, pour que la clause de renonciation soit nulle, il faut qu'elle porte sur tous les dommages-intérêts, quelle que soit la cause de la rupture.

Serait, par exemple, nulle la clause du règlement des manufactures de l'Etat portant que les ouvriers peuvent

tés au cas de brusque rupture ayant des chances d'être jugés équitables par les juges.

SALAIRE par mois	DÉLAI DE CONGÉ	INDEMNITÉS AU CAS DE BRUSQUE RUPTURE			
		Pendant la 1re ou la 2e année d'emploi	Pendant la 3e ou la 4e année d'emploi	Pendant la 5e ou la 6e année d'emploi	Au-delà de la 6e année d'emploi
moins de 100 francs.		10 francs.	20 francs.	30 francs.	1/2 mois
100 francs.		15 francs.	30 francs.	45 francs.	50 fr.
150 francs.		20 francs.	40 francs.	60 francs.	75 fr.
200 francs.	15 jours.	30 francs.	60 francs.	90 francs.	100 fr.
250 francs.		35 francs.	70 francs.	105 francs.	125 fr.
300 francs.		40 francs.	80 francs.	120 francs.	150 fr.
350 francs.		50 francs.	100 francs.	150 francs.	175 fr.
400 francs.		60 francs.	120 francs.	180 francs.	200 fr.

être congédiés par le directeur, sans avoir droit à aucune indemnité soit lorsqu'après un temps d'épreuve suffisant ils sont reconnus inaptes à faire le travail pour lequel ils ont été admis, soit lorsque pour un motif quelconque, la production de l'atelier doit être réduite (1).

Juridiction compétente.

« Les contestations auxquelles pourra donner lieu l'ap-
« plication des paragraphes précédents, lorsqu'elles seront
« portées devant les tribunaux civils et devant les cours
« d'appel, seront instruites comme affaires sommaires, et
« jugées d'urgence. »

Il n'est donc pas dérogé aux règles générales de compétence. Les projets antérieurs comportaient tous, au contraire, création d'une juridiction spéciale.

Le projet Janzé de **1872** demandait l'établissement d'une cinquième section du conseil des Prudhommes, ayant pour mission de statuer sur les différends qui pourraient s'élever entre les ouvriers des Compagnies de chemins de fer et les comités de directions de ces Compagnies.

La proposition Cazot de **1874** donnait compétence au Conseil des Prud'hommes.

La proposition Margue de **1880** proposait la création d'un tribunal arbitral.

En **1882**, la commission chargée de l'examen des pro-

1. Cette clause n'est d'ailleurs jamais appliquée. Jamais on ne renvoie un ouvrier sans indemnité parce que la production a diminué ou parce que le nombre de bras nécessaire est moindre. C'est ainsi que, si l'on avait, au commencement de cette année, comme il en était question, fait l'acquisition d'une machine qui eût nécessité le renvoi d'une grande partie des ouvriers des manufactures d'allumettes, on eût accordé à ceux-ci des dommages-intérêts.

positions Raynal et Waldeck-Rousseau, d'une part, et Delattre, d'autre part, proposa de nouveau la création d'un tribunal arbitral, puis, modifiant sa proposition, admit la compétence du juge de paix.

Successivement, toutes ces propositions furent repoussées. Ni l'Assemblée nationale, ni les Chambres ne voulurent admettre l'institution d'une juridiction spéciale.

Les règles ordinaires de compétence seront donc appliquées.

La contestation sera portée devant le Conseil des Prud'hommes, lorsque les parties seront fabricants et ouvriers, contre-maîtres, chefs-d'atelier ou apprentis (1). Les Prud'hommes seront compétents, sans appel si le litige n'excède pas 200 francs en capital, et, au-dessus de cette somme, sauf appel devant le tribunal de commerce (2).

A défaut de Conseil de Prudhommes, le juge de paix sera compétent, sans appel jusqu'à la valeur de 100 francs et à charge d'appel à quelque valeur que la demande puisse s'élever (3).

Si la contestation a eu lieu entre un négociant et son commis, elle sera portée devant le tribunal de commerce (4), forcément si le patron est demandeur, facultativement si le demandeur est l'employé qui peut, s'il le préfère, s'adresser au juge de paix statuant comme ci-dessus.

Dans ces trois cas, qui seront les plus fréquents, la procédure ordinaire sera appliquée. Elle est, en effet, assez rapide, et peu coûteuse.

1. Loi du 18 mai 1806, articles 6, 10, 14. Décret du 20 février 1810, art. 10.
2. Loi de 1853, article 13.
3. Loi du 25 mai 1838, article 5.
4. Code de commerce, art. 634.

Mais lorsque les tribunaux civils ou les Cours d'appel seront compétents, la loi, pour éviter les lenteurs et les frais élevés de la procédure ordinaire, décide que les demandes d'indemnité seront regardées comme affaires sommaires et jugées d'urgence comme requiérant célérité. Il était, en effet, indispensable d'éviter des frais aux plaideurs, dans ces affaires où la somme en litige est, généralement, peu importante, et surtout, d'éviter que le patron, industriel ou grande Compagnie, ne réussit par de nombreuses formalités de procédure, à lasser l'employé, afin d'obtenir un désistement ou une transaction.

Malheureusement, si l'avantage de la réduction des frais est réel, celui de la célérité est tout théorique.

De même la procédure devant les Conseils de Prudhommes et le Tribunal de commerce, quoique relativement rapide et peu onéreuse, est encore trop lente est trop coûteuse pour les contestations dont il s'agit. Plusieurs législations étrangères ont institué des juridictions spéciales, bien préférables, à tous égards, aux juridictions de droit commun.

D'ailleurs la Chambre, si elle n'a pas voulu créer de juridiction spéciale en 1890, a, depuis, compris la nécessité d'une semblable institution et a voté, en 1892 une loi sur les Conseils de Prudhommes qui étend la compétence de ces Conseils, soit *ratione personæ*, soit *ratione materiæ*, soit *ratione loci*, et réforme complètement leur organisation.

Le projet présenté à la Chambre, était formé de la réunion d'un projet de M. J. Roche, ministre du commerce, et d'une proposition de M. Ed. Lockroy. Il contenait deux innovations principales : 1° Extension de la juridiction des Prudhommes à quiconque travaille ou fait travailler dans le ressort du Conseil ; 2° Unité de juridiction, en ce sens que les jugements susceptibles d'appel sont examinés par les Conseils eux-mêmes, jusqu'à 1500 francs.

L'article 1er présenté par la commission était ainsi conçu :

« Les Conseils de Prudhommes sont institués pour terminer par voie de conciliation les différends qui peuvent s'élever à l'occasion du contrat de louage d'ouvrage entre les patrons ou leurs représentants, et les ouvriers ou employés qu'ils salarient.

Ils jugent, en dernier ressort, jusqu'à la valeur de 500 francs, et, à charge d'appel, jusqu'à la valeur de 1500 fr., les différends au sujet desquels la voie de la conciliation a été sans effet. »

L'esprit de la proposition était de rendre les prudhommes compétents pour presque tous les cas qui se présenteraient, et, pour les cas extrêmement rares où le litige serait supérieur à 1500 francs, de le faire porter directement devant le tribunal civil. D'ailleurs, dans tous les cas, les parties pouvaient tenter la conciliation. Le texte finalement voté par la Chambre est encore plus large en ce qui concerne la compétence. Au premier alinéa, maintenu conforme au texte proposé, furent ajoutés les suivants, modifiant et complétant le deuxième alinéa :

« Ils sont également compétents pour juger les différends « de même nature entre ouvriers.

« Ils jugent en dernier ressort, jusqu'à la valeur de 500 « francs, et à charge d'appel à quelque somme que la de« mande puisse s'élever, les différends à l'égard desquels « la conciliation a été sans effet.

« Ils exercent, en outre, les attributions qui leur sont « confiées par des lois spéciales.

Lorsque cette loi aura été votée par le Sénat, les différends résultant de la résiliation du contrat de travail seront, selon toutes les probabilités, souvent terminés par une conciliation et, en tous cas, presque toujours tranchés rapidement et à peu de frais par les conseils de prudhommes. Mais ce ne sera qu'au prix de modifications profondes dans le fonctionnement et le recrutement des conseils, et, surtout, à condition d'en augmenter considérablement le nombre (1).

Homologation des statuts.

Article 2 : « Dans le délai d'une année, les compagnies et administrations de chemins de fer devront soumettre à l'homologation ministérielle les statuts et règlements de leurs caisses de retraites et de secours. »

Cet article formait l'article 3 du projet de la commission de la Chambre.

Le rapporteur, M. Poincaré, tout en proposant cet article, remarquait que la question des caisses de retraites avait perdu presque toute son importance, par suite du remaniement que toutes les compagnies avaient fait subir aux règlements de leurs caisses de retraites. Néanmoins il ajoutait : « qu'il pouvait ne pas être inutile de consacrer cette détermination des compagnies par l'approbation ministérielle. »

Lors de la discussion au Sénat, on fut frappé de ce fait, que cet article était d'un tout autre ordre que le précédent. « Il y a, disait le président du Sénat, deux lois dans

1. Nous avons cru devoir nous borner à indiquer le sens et la portée de la loi nouvelle au point de vue des litiges résultant du contrat de travail, l'importance de cette loi en rendant l'étude impossible ici·

la loi : une disposition qui modifie l'article 1780 et qui prendra place dans le Code civil, une autre disposition qui constituerait une loi spéciale, et qui pourrait être promulguée séparément. »

La commission, par l'organe de M. Gustave Humbert, combattit la disjonction : « Il est arrivé souvent qu'une proposition de loi renfermât à la fois des modifications à des articles du Code civil et d'autres dispositions spéciales. Cela n'a donc rien de contraire aux précédents. Il y a de même ici une seule loi renfermant des dispositions de différente nature. L'une de ces dispositions s'appliquera au Code civil d'une manière générale, et l'autre s'appliquera spécialement aux rapports des agents des compagnies de chemins de fer avec leurs agents (2). »

Il n'en est pas moins vrai que cette disposition devrait, non pas faire partie de la loi de 1890, mais constituer une loi spéciale, car elle n'a, avec l'article 1er, que de très vagues liens. Il y avait, toutefois, pour en faire l'article 2. deux raisons principales. La première est qu'il fallait, par une disposition qui fût spéciale aux agents de chemins de fer, justifier le titre de la loi. La deuxième est qu'on n'aurait pu faire une loi spéciale d'une disposition aussi complètement inutile et inefficace.

Le but de cet article 2 est de permettre au ministre d'intervenir auprès des compagnies en faveur des participants aux caisses de retraites et de secours.

« Le Ministre, disait au Sénat le rapporteur de la commission, pourra étudier de concert avec les compagnies de chemins de fer les modifications qu'il convient d'apporter

1. Sénat, séance du 28 novembre 1890,
2. *Id.*

aux règlements des caisses de retraites, pour que ces règlements concourent à assurer la continuité de l'exploitation et à accroître encore les garanties offertes à la sécurité
publique... Le Ministre pourra obtenir, en faveur du personnel si intéressant et si dévoué des mécaniciens et chauffeurs, des conditions favorables que justifieraient à tous
égards les fatigues et les exigences de leur dur métier. »

Mais cette intervention de l'Etat peut-elle se justifier ?
Peut-on admettre que le Ministre ait le droit de contraindre des Compagnies privées à lui soumettre leurs règlements ?

Il semble, en effet, que cet article viole un droit acquis. Les Compagnies ayant traité avec leurs ouvriers
sur la foi des lois et règlements alors en vigueur, et qui
n'autorisaient pas le Ministre à modifier les statuts et
règlements de leurs caisses de retraites verront, tout à
coup, ceux-ci modifiés. Et même si la modification ne s'applique que dans les rapports futurs des Compagnies avec
les agents qu'elles engageront, cette ingérence de l'Etat
qui pourra modifier à son gré des règlements d'ordre intérieur, peut-elle s'expliquer ?

On a essayé de la justifier en invoquant soit l'ordre public, intéressé dans la bonne organisation et la marche régulière de ces caisses (1), soit l'intérêt de l'Etat, qui peut
être, à raison de la garantie d'intérêts, considéré comme
l'associé des Compagnies.

Ce dernier argument peut être retourné contre la disposition dont il s'agit. En effet, confier à l'Etat la surveillance
des règlements des caisses de retraites, lui donner le droit
de demander des modifications dans leurs statuts, et cela

1. M. Maze, au Sénat.

en faveur des employés, c'est réunir dans les mêmes mains deux intérêts opposés. En tant qu'associé, tenu de la garantie d'intérêts, l'Etat sera tenté de réduire les libéralités des Compagnies. En tant que chargé par la loi de prendre la défense des employés, il sera contraint de les augmenter, ou tout au moins de ne pas les réduire. La mission qu'on lui confie est donc, théoriquement au moins, dangereuse et difficile à remplir.

L'obligation, pour les Compagnies, de soumettre leurs statuts à l'homologation du ministre, a-t-elle une sanction, et quelle est cette sanction ?

Il semble, à la seule lecture du texte, qu'il n'y en ait pas, et que les tribunaux, comme le ministre, soient absolument désarmés au cas de refus par les Compagnies de se soumettre à cette homologation. Les discussions parlementaires n'éclairent pas la question qui, soulevée au Sénat, n'a jamais été résolue.

La commission du Sénat considérait, avec raison, pensons-nous, l'article 2 comme une simple invitation.

Mais le Ministre des Travaux publics ne l'entendait pas ainsi. Il considérait cette disposition comme une prescription légale « et, par conséquent, disait-il, je m'y conformerai et j'exigerai des compagnies qu'elles s'y conforment » et un sénateur ajoutait qu'au cas où le ministre ne croirait pas devoir homologuer les statuts, la caisse serait supprimée. (1)

Malgré ces affirmations, il est permis de douter qu'une telle sanction soit attachée à l'article, alors qu'il n'en édicte aucune.

1. En fait cette homologation est loin d'avoir été rigoureusement exigée. Certaines compagnies ont mis en vigueur postérieurement à la loi de 1890, des statuts non homologués.

D'ailleurs, si M. Poincaré pensait, en 1890. que la question des caisses de retraite avait perdu presque toute son importance, à plus forte raison l'a-t-elle, aujourd'hui, perdue.

Les Compagnies ont, en effet, depuis 1890, révisé à fond l'organisation de leurs caisses dans un sens encore plus favorable aux employés.

C'est ainsi que la Compagnie des Chemins de fer de l'Ouest a, depuis 1892, doublé sa dotation en l'élevant de 4 à 8 pour cent. Celle des chemins de fer de l'Est, tout en maintenant à 3 pour cent la retenue, a porté ses versements de 8 à 12 pour cent, et la compagnie des chemins de fer du Midi a fixé son allocation à 15 pour cent.

La loi du 27 décembre 1890 est-elle rétroactive?

C'est-à-dire s'applique-t-elle aux engagements contractés antérieurement à sa promulgation et résiliés postérieurement?

La loi étant muette sur la rétroactivité, il est difficile de l'admettre. En effet, la non-rétroactivité est un principe général formulé en termes formels par l'article 2 du Code civil.

Lorsque le législateur veut faire rétroagir une loi, il faut qu'il le déclare formellement. Il en a le droit, car l'omnipotence législative n'est restreinte que par la constitution, et l'article 2 n'est pas une loi constitutionnelle. Mais il n'a pas usé, ici, de ce droit.

De plus, il y a, dans la loi, une disposition qui ne peut, évidemment, rétroagir. C'est la prohibition de renoncer aux dommages-intérêts, édictée par l'article 1er. Il y a là une disposition relative aux conditions de validité du contrat. Or en ce qui concerne ces conditions, les contrats sont toujours régis par la loi existante à l'époque où ils sont faits. Les parties ont, en effet, un droit acquis antérieurement à la loi qui ne peut le leur enlever.

Enfin la loi tout entière est relative aux effets du contrat du louage de services, et les lois relatives aux effets des contrats ne sauraient rétroagir.

Cependant l'opinion contraire a été soutenue. La loi, a-t-on dit, (1) n'est pas une disposition absolument nouvelle et exceptionnelle. Elle est seulement l'application d'une théorie générale, déjà existante, une loi interprétative des dispositions du Code civil sur le louage de services et qui ne fait que rendre cette théorie générale plus impérative et plus certaine.

Il nous semble difficile de nous rallier à cette théorie.

Même si l'on n'admet pas que la loi de 1890 a *modifié* l'article 1780, il faut au moins admettre qu'il l'a *complété* et non pas seulement *interprété*. Aussi pensons-nous que cette loi n'est nullement rétroactive.

CONCLUSION

Telle est cette loi de 1890 qui se ressent des étapes nombreuses et si diverses par lesquelles elle a passé. Le titre même en porte trace dans son étrange combinaison, annonçant que la loi est en partie générale et en partie spéciale.

D'ailleurs, la loi répond peu à son titre. Elle ne fait rien, en réalité, pour les agents des chemins de fer. L'article 2, qui, seul, s'occupe d'eux, n'est, comme le titre de la loi,

---

1. V. notamment Mongin, *Revue critique*, 1893, p. 361.

qu'une satisfaction donnée à ceux qui devaient seuls bénéficier des dispositions nouvelles, que seuls, les premiers projets concernaient, et qui peuvent être considérés comme les véritables promoteurs de la loi : les agents des chemins de fer.

Mais ce sont là les moindres critiques qu'on puisse lui adresser.

Sans parler de l'inutilité de l'alinéa premier qui ne fait que répéter un principe implicitement contenu dans le Code civil, le défaut le plus grave de la loi nouvelle est d'être, dans sa disposition principale, fondamentale, d'une obscurité si compacte que des théories absolument contradictoires ont pu être soutenues avec un égal succès. « Peut donner lieu » dit l'alinéa deuxième, « le cas échéant » dit le suivant. Nulle part il n'est dit dans quels cas et pour quels motifs il y a lieu à dommages-intérêts, et les débats parlementaires sont loin de l'expliquer.

Une erreur non moins grave que commet la loi, est de ne pas faire la très importante distinction entre le renvoi dénué de motifs et le renvoi brusque.

Enfin, elle est si facile à tourner que ceux qui voudront échapper à ses prescriptions le pourront sans peine. Il suffira au patron de faire, avec ses employés, non pas un contrat à durée indéterminée, mais une série de contrats à durée très courte, toujours renouvelables, mais pouvant aussi être rompus à l'expiration de chaque période. Il pourra ainsi, sans avoir à payer la moindre indemnité, renvoyer son employé, pour quelque motif que ce soit, et même sans motif, pourvu que ce soit à la fin d'une des courtes périodes.

Si même le contrat est à durée indéterminée, le patron

pourra échapper à l'obligation de restituer à l'employé tout ou partie des retenues et versements. Il suffira, par exemple, que le règlement déclare que cette caisse a pour objet principal la distribution de secours aux ouvriers victimes d'accidents, et subsidiairement, si l'état des ressources le permet, l'allocation d'une pension de retraites (1).

La jurisprudence depuis 1890.

La jurisprudence a persisté dans son système antérieur. Elle a toutefois légèrement modifié sa formule en y ajoutant que « la résiliation peut donner lieu à des dommages-intérêts lorsque la partie qui en est l'auteur a fait de son droit un usage abusif et préjudiciable. » Cette addition ouvre un peu plus largement le droit aux dommages-intérêts. C'est d'ailleurs la formule à laquelle nous sommes également arrivés, par une voie différente, à ceci près, que nous prétendons que l'abus suffit, même s'il n'est pas préjudiciable.

La jurisprudence voit, en effet, là une application de l'art. 1382. Cet usage abusif et préjudiciable constitue une faute aux termes de l'art. 1382.

Il est difficile de savoir sur quels motifs se base la jurisprudence pour invoquer ici cet article qui ne saurait être appliqué là où il y a exercice d'un droit. Telle est du moins l'opinion commune, car nous avons cité plus haut le système de MM. Saleilles et Sauzet, selon lequel le seul fait qu'un acte peut être dommageable ne suffit pas à en faire un délit et le seul fait qu'il rentre dans l'exercice d'un droit ne suffit peut-être pas pour l'exclure de la ca-

1. D. 93. 2. 377.

tégorie des délits civils, car tout droit absolu de sa nature trouve sa limite dans le droit des autres. Dans ce dernier cas, la faute consisterait dans l'intention de commettre un acte illicite (1). La jurisprudence aurait-elle adopté ce système ? Cela est fort douteux. Mais alors comment explique-t-elle la solution qu'elle donne ? Il est difficile de le savoir, car les arrêts n'en disent rien.

Quoi qu'il en soit, la jurisprudence, appliquant l'art. 1382, arrive aux résultats suivants qui ressemblent beaucoup à ceux auxquels nous sommes arrivés.

Le demandeur devra prouver que le renvoi a été abusif et préjudiciable (2). Les tribunaux ont toute liberté pour décider si les circonstances du renvoi sont telles qu'une indemnité est due (3), mais il faut, lorsqu'il y a lieu à indemnité, que le jugement indique à quelle faute commise et à quel préjudice souffert cette indemnité s'applique (4).

D'ailleurs, le droit aux dommages-intérêts n'existe plus si le défendeur ne peut invoquer des motifs suffisants pour justifier la rupture. Les juges devront donc apprécier ces motifs, et ils ont, pour cela, les plus larges pouvoirs (5).

La Cour de cassation admet facilement que le motif est suffisant, car elle semble éviter autant que possible d'ac-

1. M. Saleilles, *Projet de code civil allemand*.

2. Cour d'appel d'Agen, 2 janvier 1895, *Revue du dr. comm.*, 95, p. 165 et 7 janvier 1895, S. 95. 2. 213.

3. Cass., 14 nov. 1894, S. 95. 1. 260 et Cass., 20 mars 1895, *Rev. de dr. comm.*, 95, p. 266.

4. Cass., 13 janvier 1892, S. 92. 1. 257 et Cass., 20 mars 1895, *Rev. de dr. comm.*, 95, p. 266.

5. Cour d'appel de Paris, 12 juin 1894, *Rev. de dr. comm.*, 95, p 43 et Cass., 21 nov. 1893, S. 95. 1. 166.

corder une indemnité. C'est ainsi qu'elle a jugé que la condamnation correctionnelle de l'employé était un motif
suffisant de renvoi, alors même que la cour d'appel aurait
infirmé le jugement (1).

Certaines cours d'appel, d'ailleurs, ne sont pas moins
exigeantes : la cour de Riom, par exemple, a déclaré par
un arrêt du 24 juillet 1890 (2) qu'une compagnie de chemins de fer ne saurait être déclarée en faute lorsqu'elle a
congédié un mécanicien sur le vu d'une note de service
remise par le chef mécanicien à l'ingénieur de la traction
et attestant que le mécanicien aurait contrevenu aux règlements sans que celui·ci ait été admis à faire la preuve
contraire, la cour estimant que, même si le rapport était
inexact, la compagnie a eu raison de croire son chef mécanicien.

Enfin, le tribunal de commerce de la Seine a considéré
comme motif suffisant pour justifier le renvoi, le refus,
par l'ouvrier en grève, de reprendre son travail malgré
les invitations réitérées de son patron (3), décision très
équitable, car si la liberté du travail exige le droit de
grève, elle n'exige pas moins le droit pour le patron de
renvoyer les grévistes.

La jurisprudence reconnaît encore le droit d'obtenir
des dommages-intérêts à la partie congédiée en violation
d'une condition expresse ou tacite du contrat. Ces conditions résultent de l'usage de la profession ou de l'usage
particulier d'un établissement industriel ou d'une maison

1. Cass., 22 juillet 1896, *Gaz. du Palais*, supplément oct. 96, p. 447.
2. *Annales de dr. comm.*, 91, p. 13.
3. 30 janvier 1894, *Le Droit* du 12 mars 1894.

de commerce (1), ou bien encore des circonstances particulières qui ont accompagné la formation du contrat.

Enfin, il y a lieu à indemnité lorsque la rupture a été brusque, c'est-à-dire contraire aux usages généraux de la contrée ou spéciaux à l'industrie exercée par les parties, usages exigeant un délai de congé. La Cour de cassation décide avec raison qu'à défaut d'usage exigeant ce délai, la brusque rupture ne donne pas lieu à des dommages-intérêts (2), la loi de 1890 n'imposant nullement aux parties, en l'absence d'usage, l'obligation d'observer un délai (3).

Mais il nous semble que lorsqu'il existe un délai d'usage, les parties doivent l'observer alors même que le renvoi est justifié par un motif légitime. Le contraire a cependant été jugé plusieurs fois (4) et notamment par la cour de cassation en une espèce ou le motif donné par le patron était qu'il n'avait plus d'ouvrage à donner à son ouvrier (5). Quel que soit, en effet, le motif allégué la rupture n'en est pas moins brusque. Toutefois si le renvoi a été causé par le fait d'un tiers, c'est à ce tiers que l'ouvrier devra demander des dommages-intérêts et il ne pourra en demander au patron, car cela ferait double usage.

C'est pourquoi le conseil des Prud'hommes de Bordeaux nous semble avoir eu tort lorsqu'il a jugé (6) que si pour

1. Cass., 5 février 1896, *Pand. fr.*, 96. 1. 196.

2. Cass., 14 novembre 1894, S. 95. 1. 260 et cass., 1er nov. 1894, *Pand. fr.*, 96. 1. 171.

3. Cass., 20 mars 1895, *Rev. de dr. comm.*, 95, p. 266 et D. 95, 1, 249.

4. Montpellier, 8 novembre 1892, S. 95. 2. 14 et Agen, 7 janvier 1895, S. 95. 2. 213.

5 Cass., 20 mars 1895, *Rev. de dr. comm.*, 95, p. 266.

6. *Journal des prudhommes*, 1892, jugement du 2 avril 1892.

éviter des menaces de grève formulées par des ouvriers syndiqués, un patron rompt immédiatement le contrat qui le lie avec d'autres ouvriers. il doit à ceux-ci des dommages-intérêts pour la réparation du préjudice que leur cause ce renvoi brusque, et ce, sans tenir compte des agissements des ouvriers syndiqués à l'égard des ouvriers congédiés ou des raisons comminatoires qui ont poussé le patron aux résolutions qu'il a prises.

Il nous semble que c'était non pas au patron, mais aux ouvriers syndiqués qu'incombait l'obligation d'indemniser l'ouvrier.

En effet, si, depuis l'abrogation de l'article 416 du Code pénal les menaces de grèves adressées sans violences ni manœuvres frauduleuses par un syndicat à un patron, à la suite d'un concert entre ses membres, sont licites quand elles ont pour objet la défense des intérêts professionnels, elles ne le sont pas lorsqu'elles ont pour but d'imposer au patron le renvoi d'un ouvrier parce qu'il s'est retiré de l'association ou refuse d'y rentrer. Il y a, dans ce cas, une atteinte au droit d'autrui qui, si ces menaces sont suivies d'effet, rend le syndicat passible de dommages-intérêts envers l'ouvrier congédié (1) á condition toutefois que ce dernier puisse prouver que les ouvriers syndiqués n'avaient pas, en agissant ainsi, un intérêt professionnel, mais obéissaient simplement à un sentiment de malveillance injustifiée (2). Il y a, en effet, en ce cas une faute de la part du syndicat, causant un préjudice à l'ouvrier.

Telle est la jurisprudence de la cour de cassation.

Quelques cours d'appel ont décidé, au contraire, qu'il n'y

---

1. Cass., 22 juin 1892, S. 93. 1. 41.
2. Cass., 9 juin 1896, *Gaz. des Trib.*, du 12 juin 1896.

avait pas lieu, pour l'ouvrier congédié à réclamer des dommages-intérêts au syndicat.

Le premier de ces arrêts, que la cour de cassation a d'ailleurs, cassé, a été rendu par la cour de Grenoble le 23 octobre 1890. Il causa à cette époque une vive émotion.

La décision de la cour était basée sur les motifs suivants :

« Attendu qu'il ressort des débats qui se sont poursuivis pendant plusieurs années à la Chambre et au Sénat que le législateur de 1884 a, sans réserve, condamné l'article 416 du Code pénal.

Qu'il a voulu dégager complètement le droit de coalition des entraves que lui imposait cet article... qu'il aurait fait œuvre contradictoire en supprimant, au point de vue pénal, les prohibitions particulières de l'article 416, pour les conserver au point de vue civil et qu'il s'en est évidemment référé aux dispositions générales des articles 1382 et 1383 C. civ. pour la sanction à donner à tous actes illicites...

« Attendu que s'il appartenait à J. de ne pas user de la faculté accordée par la loi, il appartenait également au syndicat d'influencer en ce sens la volonté de J. à la seule condition de n'avoir recours à aucun moyen coupable... Attendu que le droit dont se réclament les membres du syndicat, en vertu de la loi de 1884, emporte réciprocité en faveur de ceux qui ne font pas partie du syndicat, que rien n'empêcherait donc des ouvriers non syndiqués d'obtenir de leurs patrons, par les mêmes procédés, le renvoi d'ouvriers syndiqués. »

1. S. 93. 1. 41 et note de M. Jay.

Le second de ces arrêts, semblable au précédent, a été rendu par la cour de Rennes le 21 juillet 1894.

Sans entrer dans l'étude de la loi de 1884, il est certain que ce dernier système, outre qu'il convertit en obligation la faculté donnée aux ouvriers de se syndiquer, est d'une grande injustice, car l'ouvrier renvoyé sans avoir commis d'autre faute que de refuser son adhésion au syndicat, ne pourra obtenir aucune réparation du préjudice qui lui a été causé, sinon l'indemnité minime qu'il pourra demander à son patron pour renvoi brusque. De plus, le syndicat, fort de son impunité, pourra, comme cela s'est déjà produit, réduire le dissident à la misère, en faisant successivement fermer devant lui les portes de tous les ateliers où il se présentera.

Pour le calcul de l'indemnité, les tribunaux tiennent compte de la nature des services, de leur durée (1), etc...

Quant à la restitution des retenues et versements, elle ne pourra être exigée que si ces retenues et versements ont été opérés en vue d'une pension de retraites. La cour de Grenoble a estimé, en effet (2), que, lorsque le but principal de la caisse est de venir en aide aux ouvriers victimes d'accidents, et que son règlement autorise seulement à titre facultatif l'allocation d'une pension de retraite si l'état des ressources le permet, les retenues prennent le caractère de primes d'assurance et ne doivent pas nécessairement être restituées à l'ouvrier qui a déjà joui de leur contre-valeur : la certitude d'être soigné et de toucher une indemnité en cas d'accident. Cette décision, d'ailleurs très juste, montre qu'il est facile, pour les industriels, d'éviter de restituer les retenues et versements.

1. Amiens, 2 janvier 1892, D. 92. 2. 489.
2. Grenoble, 23 janvier 1893, D. 93. 2. 877 et note de M, Planiol.

La loi de 1890 prohibe la renonciation aux dommages-intérêts, mais nous avons vu qu'elle ne précise pas si ce qu'elle prohibe est toute renonciation, même celle ayant pour objet l'indemnité pour brusque rupture. La jurisprudence admet, comme nous l'avons fait, la négative.

En conséquence, elle déclare nulle : la clause de renonciation générale à tous dommages-intérêts (1). Même en présence d'une telle clause, le juge doit examiner les circonstances du renvoi et attribuer, s'il y a lieu, des dommages-intérêts (2). De même, est nulle la clause d'un règlement d'atelier aux termes de laquelle l'ouvrier pourra être renvoyé sans indemnité (3), alors même qu'il n'aurait accepté une telle clause que moyennant la promesse d'un délai de congé plus long que le délai d'usage (4).

Mais la jurisprudence n'interdit pas de renoncer par avance au délai de prévenance, soit pour tous les cas, soit dans un cas nettement défini (5). Elle considère, par exemple, comme licite la clause du règlement d'atelier selon laquelle : « Tout ouvrier pourra quitter la maison sans observer aucun délai de prévenance, et le patron se réserve le même droit », ainsi que celle qui fixerait la durée de congé exigible (6).

Toutes ces décisions s'imposent si on admet que la loi de

1. Cass., 9 juin 1896, *Gaz. des Trib.*, 12 juin 1896 et Agen, 7 janvier 1895, S. 95. 2. 13.

2. *Ibid.*

3. Trib. de Paix de Reims, 6 juin 1831, *Lois Nouvelles* 1891 et Tr. de comm. Seine, 5 mai 1891, L. N. 91. 2. 109.

4. Cass., 20 mars 1895, *Pand. fr.*, 96. 1. 46.

5. Trib. de com. Nantes, 11 juillet 1891, S. 92. 2. 123.

6. Trib. comm. Lille, *Le Temps* du 31 mai 1891 ; *Id.* Cass., 6 nov. 1895, *Rev. de dr. comm.*, 96, p. 269.

1890 ne prohibe absolument que la renonciation générale
à tous dommages-intérêts ou la renonciation à toute indemnité quelle que soit la cause de la rupture, et c'est avec
raison que le tribunal de commerce de la Seine, a déclaré
licite et valable la convention selon laquelle chaque partie
a le droit de rompre brusquement en payant à l'autre une
somme déterminée (1).

La loi de 1890 est évidemment inapplicable aux engagements résiliés par un congé régulièrement signifié avant le
27 décembre 1890 (2). Nous avons exposé pourquoi nous la
croyons également inapplicable aux cas où, l'engagement
étant antérieur à la loi du 27 décembre 1890, la rupture a
été postérieure. Telle semble être également l'opinion de la
jurisprudence (3).

La loi n'étant pas rétroactive, les clauses des engagements antérieurs à sa promulgation qui seraient devenues
illicites comme contenant renonciation aux dommages-intérêts, sont parfaitement valables 4).

Cependant, la cour d'Orléans (5) a admis la rétroactivité
de la loi avec, toutefois, une distinction assez peu compré-
hensible. Elle a déclaré, en effet, qu'un contrat constituant
un louage de services sans durée déterminée se trouvait,
depuis le 27 décembre 1890, soumis à la loi de cette date.
Celle-ci n'aurait pas eu d'effet rétroactif sur les contrats
antérieurs à sa promulgation lorsqu'ils interdisaient à l'em-

1. Trib. comm. Seine, 9 septembre 1892, *J. des Prudh.*, 1892, p.
213. En l'espèce l'indemnité était fixée à 5 francs.
2. Cass., 20 mars 1893, D. 93. 1. 434.
3. Trib. de comm. Seine, 5 mai 1891, S. 92. 2. 123.
4. Montpellier, 15 mars 1893. D. 95. 2. 14.
5. Orléans, 15 mars 1893, D. 93. 2. 467 et note de M. Planiol.

ployé congédié toute réclamation d'indemnité, mais elle s'appliquerait pour l'avenir aux engagements de louage de service sans détermination de durée qui, révocables en tous temps, se sont continués sous l'empire de la loi nouvelle. M. Planiol fait remarquer avec raison que la cour se contredit elle-même.

« La loi de 1890 renferme deux dispositions distinctes : elle accorde le droit de réclamer une indemnité dans certains cas, elle annule les clauses qui vaudraient renonciation à ce droit. Ces deux dispositions sont le corollaire l'une de l'autre. Il est impossible que l'une soit rétroactive sans que l'autre le soit ».

Les employés de commerce congédiés doivent s'adresser au tribunal de commerce.

Les ouvriers congédiés peuvent s'adresser non seulement aux Conseils des prudhommes ou à leur défaut au juge de paix, mais encore, si le patron est commerçant, au tribunal de commerce.

Lorsqu'en effet, un débat judiciaire s'engage entre deux parties dont l'une seulement est commerçante, ou à propos d'un acte qui n'est commercial que pour l'une d'elles, la partie qui n'est pas commerçante ou qui n'a pas fait acte de commerce peut, à son choix, actionner le défendeur commerçant soit devant la juridiction commerciale, soit devant la juridiction cempétente à son égard. Or, le contrat a, à l'égard des ouvriers, un caractère purement civil (1).

Il ressort de toutes ces décisions qu'il est fort rare qu'un ouvrier congédié ou un patron quitté puisse obtenir des

1. Cass., 5 février 1896, *Gaz. des Trib.*, 12 février 1896.

dommages-intérêts. Il faut, en effet, qu'il prouve soit qu'il y a eu abus du droit de résiliation, soit qu'il y a eu violation d'un usage ou d'une condition expresse ou tacite du contrat.

Cette preuve étant faite, le défendeur peut encore échapper aux dommages-intérêts, en prouvant qu'il avait des motifs sérieux pour résilier l'engagement. Aussi, n'y a-t-il que fort peu d'exemples de condamnation à des dommages-intérêts prononcées pour rupture du contrat de travail.

La loi de **1890** n'est qu'un épisode de la lutte du législateur contre l'instabilité. Cette lutte continue. Un assez grand nombre de propositions de lois ont été déposées, depuis **1890**. Il est utile de les connaître afin de se rendre compte des efforts de plus en plus répétés qui sont faits dans ce but de réaction, et de l'extension que prend l'idée, déjà signalée à plusieurs reprises, de la faiblesse de l'employé en face de l'employeur. C'est de cette idée que sont nées la plupart des propositions dont nous allons parler et dont les auteurs se sont proposés de protéger les faibles contre les puissants, l'employé contre l'employeur. Malheureusement, à cette idée est venue s'en greffer une autre, funeste, celle-là, et que l'on aperçoit dans un certain nombre de projets : c'est que tout ce qu'on pourra faire pour nuire à l'employeur, sera utile à l'employé. Or, la vérité est toute contraire.

I. *Employés de chemins de fer*

Le 24 décembre 1890. M. Castelin, député, déposa une « *proposition sur le contrat de louage et la situation des « employés de chemins de fer.* » Le vote de la loi du 27 décembre fit abandonner cette proposition.

Elle fut reprise le 2 décembre 1893 (1), avec de légères

1. *J. O., Ch. des dép., Doc. Parl.*, 1893, sess. extr., *Ann.* n° 78, p. 109.

modifications de détail, par le même député. Il l'appuyait sur une lettre adressée aux pouvoirs publics, quelques jours après le vote de la loi du 27 décembre 1890, par la Chambre syndicale des ouvriers et employés des chemins de fer français. Dans cette lettre, après avoir constaté que la loi nouvelle constituait « une amélioration pour la classe des travailleurs des chemins de fer », la Chambre syndicale ajoutait que cette loi « ne devait pas être le dernier mot de la haute bienveillance du Gouvernement et du Parlement de la France... Les réclamations fort justes des agents des chemins de fer ne pouvant être mises à jour toutes à la fois, nous nous permettons, messieurs, de vous présenter aujourd'hui un projet de loi qui, s'il avait la sanction du Gouvernement et des Chambres, supprimerait immédiatement une iniquité sociale... C'est pourquoi... le conseil d'administration de la Chambre syndicale des ouvriers et employés des chemins de fer français sollicite au nom des 350.000 agents de chemins de fer qu'il représente, l'étude et la mise à l'ordre du jour de ce projet qui sera certainement le complément de la loi salutaire de 1890.., »

Le projet présenté était presque identique à la proposition déposée en 1890 par M. Castelin. Il contenait toutefois quelques additions que M. Castelin inséra dans sa nouvelle proposition.

Celle-ci ne constitue, d'ailleurs, pas une disposition de faveur pour les employés des chemins de fer. Elle ne leur donne rien de plus que ce que la loi de 1890 leur accordait, sauf toutefois une innovation contenue dans les *dispositions particulières* annexées à la proposition et qui consiste dans la création d'une commission composée mi-partie de députés, de sénateurs et d'actionnaires des Compagnies, choisis par M. le ministre des travaux publics, et mi-partie d'ouvriers et d'employés proposés au ministre par la Chambre syndicale. Cette commission serait chargée « d'élaborer un règlement intérieur établissant l'organisation des caisses de retraites », c'est-à-dire, en réalité, de préparer une proposition de loi sur les caisses de retraites.

Les articles 1, 3, 4, 5, de la proposition ne sont pas autre chose qu'une règlementation législative des caisses de retraites des Compagnies de chemins de fer. La disposition fondamentale est l'article 4 selon lequel « La retraite « sera créée par des versements mensuels effectués par les « ouvriers et employés, prélevés sur leur salaire et aug- « mentés par un versement fait par la Compagnie. En tout « temps, la somme représentée par ces versements leur ap- « partiendra. » Les autres articles n'en sont que des conséquences : droit pour l'employé révoqué ou démissionnaire de toucher la portion de rente qui lui est acquise à cette époque. Réversibilité de la retraite, dans tous les cas, sur la veuve ou les enfants de l'employé.

Quand à l'article 2, il renvoie, pour le cas de résiliation du contrat, à l'article 1er de la loi du 27 décembre 1890.

Cette proposition fut examinée par la première commission d'initiative parlementaire qui conclut contre la prise en considération. Le rapport, tout en convenant qu'il y avait lieu de s'occuper de la question, déclarait qu'il valait mieux attendre une loi générale, s'appliquant à tous les travailleurs, et ne pas favoriser certains d'entre eux.

Il est évident que les seules dispositions qui constituent une innovation seraient mieux placées dans une loi générale règlementant les caisses de retraites, loi qui serait d'ailleurs, sans doute, cause de la disparition d'un certain nombre de ces caisses.

Proposition de loi concernant le contrat de louage et les rapports des agents des chemins de fer avec les Compagnies.

Lorsque, le **22** décembre 1890, la Chambre des députés avait voté le projet adopté par le Sénat, son intention n'avait pas été d'abandonner ses premiers projets. Mais sa commission pensa que la loi, même démembrée, valait mieux que la situation actuelle, et que, le Sénat refusant obstinément de céder, le plus sage était de laisser passer la loi, sauf à reprendre plus tard les premiers projets.

La Chambre suivit cet avis, et nomma une commission chargée de reprendre dans une proposition nouvelle celles des dispositions repoussées par le Sénat qui lui paraîtraient nécessaires (1).

Cette Commission déposa son rapport le **18** mai 1893. Prévoyant l'objection qu'on ne pouvait manquer de faire à la proposition : de constituer une loi d'exception et de faveur, le rapport y répondait à l'avance : « Nos Codes distinguent plusieurs sortes de louages d'industrie et leur appliquent des règles diverses. C'est ainsi que l'article 270 du Code de commerce porte : « Tout matelot qui justifie qu'il est congédié sans cause valable a droit à une indemnité contre le capitaine. » Pourquoi l'employé des chemins de fer ne pourrait-il pas jouir de la même faculté?

Il nous semble que cette réponse ne détruit nullement l'objection. Les différentes espèces de louage d'industrie que prévoit le Code, s'appliquent à autant de situations différentes.

1. Cette commission était composée de **MM.** Lockroy, président, Leygue (Haute-Garonne), secrétaire, Antide Boyer, Trouillot, Millerand, Boullay, Moutant, Bovier Lapierre, Lorau.

Il était impossible de soumettre aux mêmes règles le louage des gens de travail, celui des voituriers et celui des entrepreneurs.

Le louage de travail, au contraire, est le même pour tous ceux qui s'engagent sans détermination de durée. De ce que le législateur du Code de commerce a cru devoir faire une exception en faveur des matelots auxquels le débarquement cause, presque toujours, de graves préjudices, il ne s'ensuit pas que l'on puisse faire une loi d'exception en faveur d'employés et d'ouvriers dont la situation diffère peu de celle des autres employés ou ouvriers. Il n'en était pas de même lorsque, à défaut d'usage, les employés de chemins de fer ne pouvaient obtenir une indemnité et surtout lorsque leur renvoi faisait perdre le bénéfice des retenues opérées et des versements effectués en vue d'une retraite. Mais, depuis 1890, l'employé victime d'un renvoi abusif, peut obtenir des dommages-intérêts, et les statuts des caisses de retraites lui accordent, en cas de renvoi ou de démission, le droit de percevoir quand même la pension.

L'article 1er de la proposition accorde des dommages-intérêts aux agents commissionnés, employés et ouvriers des chemins de fer participant à la caisse des retraites toutes les fois que le contrat qui les lie à la Compagnie est résilié, sauf si ce renvoi a eu lieu pour une cause légitime. Toute stipulation contraire est nulle de plein droit. Les dommages-intérêts sont calculés comme il est dit dans la loi de 1890, sauf l'addition des mots « du traitement » dans l'énumération des bases sur lesquelles le juge doit établir son calcul.

L'article 2, reproduisant l'article 4 du projet de 1888,

demande qu'un règlement d'administration publique détermine dans les six mois qui suivront la promulgation de la loi : 1° les emplois que les Compagnies ne pourront confier qu'à des agents commissionnés, ou à des agents qui devront être commissionnés après un an de stage ; 2° les causes en vertu desquelles pourront être prononcées les peines de la révocation ou de la descente de classe.

Le but de cet article est d'empêcher les Compagnies de se soustraire à la loi, soit en refusant de commissionner les employés, soit en les contraignant, par des descentes de classe arbitraires, à donner leur démission.

Mais le rapport ne prouve nullement que l'Etat ait le droit d'intervenir ainsi, et ne réfute pas l'argumentation de M. Cuvinot, qui, dans son rapport au Sénat, avait démontré péremptoirement qu'aucun texte ne justifiait cette intervention.

L'article 3 relatif aux employés tués ou blessés dans l'exercice de leurs fonctions émet une proposition nouvelle et équitable : le traitement du blessé ou du mort « sera continué à lui, à sa veuve ou à ses enfants jusqu'à décision définitive des tribunaux. »

Quant à l'article 4, il reproduit l'article 2 de la loi de 1890 avec une addition importante. Non seulement des Compagnies qui ont des caisses de secours et de retraite devront soumettre leurs statuts à l'homologation du Ministre, mais celles qui n'en ont pas devront en constituer. Mais, ici encore, l'ingérence de l'Etat est difficile à expliquer.

Enfin l'article 5 reproduit le dernier paragraphe de l'article 1er de la loi de 1890, relatif à la juridiction compétente, et l'article 5 étend la loi aux Compagnies et Sociétés de chemins de fer d'intérêt local.

Cette proposition fut déposée le 18 mai 1893. Mais, bien que portée à l'ordre du jour, elle ne put être discutée, la séparation et le renouvellement de la Chambre étant survenus.

Mais, le 7 juin 1894, une nouvelle proposition fut déposée par M. Raymond Leygue et un très grand nombre de ses collègues (1). Cette proposition reproduisait en partie la précédente. Les articles 1, 2, 4 et 5 nouveaux étant respectivement identiques aux articles 2, 3, 5 et 6 anciens.

Quant à l'article 3, il constitue en quelque sorte un commentaire de l'article 4 de la proposition précédente, mais, en même temps, il aggrave les exigences de cet article. Non seulement il oblige les Compagnies à soumettre les statuts des caisses de secours et de retraites à l'homologation du Ministre, non seulement il force les Compagnies qui n'ont pas de caisses à en constituer, mais il leur impose certaines formes, certaines clauses, ne les laisse même pas libres d'administrer leur caisse de la manière qu'elles jugeront la meilleure et leur impose le contrôle perpétuel du Ministre par l'intermédiaire d'un délégué.

« Article 3 : « Dans l'année qui suivra la promulgation de la présente loi, les Compagnies ou Sociétés de chemins de fer seront tenues de constituer des caisses de retraites et de secours, admettant le principe de la retraite proportionnelle après quinze ans de services dans le service actif, et vingt ans dans le service sédentaire ; caisses dont les

1. *J. O., Doc. Parl., Ch. des dép.,* 1894, p. 890.

règlements et statuts seront soumis à l'homologation du Ministre des Travaux publics.

« Ces caisses seront administrées par un conseil composé mi-partie de délégués de la Compagnie, mi-partie de délégués des agents et présidé par un délégué du Ministre des Travaux publics. »

Cette proposition, à laquelle s'appliquent toutes les objections faites au projet antérieur, et d'autres encore, fut l'objet d'un rapport par lequel, au nom de la commission, M. Rabier, rapporteur, conclut à la prise en considération. La Chambre émit un vote conforme le **23 novembre 1894.**

Règlements d'atelier

Le 29 mai 1890, M. Ferroul, député, et plusieurs de ses collègues (1) déposèrent une proposition de loi tendant à créer une commission du travail chargée de réviser les règlements d'atelier.

« Jusqu'à présent, porte l'exposé des motifs, les employeurs individuels ou collectifs ont fait la loi, de véritables lois dans les ateliers, sous le nom de règlements... Sans délégation, sans investiture, le patron est à la fois législateur, juge, et percepteur à son profit. »

C'est à cet état de choses que voulaient remédier les auteurs de la proposition « à ce scandaleux état de choses qui « substitue une féodalité nouvelle, la féodalité du capita- « liste, à la féodalité terrienne et nobiliaire, détruite à la » fin du siècle dernier. »

L'idée de laquelle est née cette proposition est une de

1. MM. Baudin, Boyer, Cluseret, Couturier, Franconie, Lachize, Théron, Thivrier, Moreau, Souhet, Maujan, Merlou, Chassaing, Lalou, Hovelacque. — *J. O.*, 1890, *Doc. parl.*, p. 870.

celles que les socialistes soutiennent volontiers : l'ouvrier, lorsqu'il s'engage avec un patron, ne contracte pas librement. Il subit la pression des circonstances, la contrainte de la nécessité.

Le contrat d'engagement n'est donc, en aucune de ses parties, un contrat, mais une loi imposée par le patron.

La proposition actuelle ne va pas encore jusqu'à demander au législateur de rédiger lui-même ce contrat. Elle ne s'attaque qu'au règlement d'atelier qui est une des clauses de l'engagement.

Il est certain que le législateur a le devoir d'empêcher les patrons de modifier complètement le contrat par des clauses du règlement. « Le règlement d'atelier ne doit prévoir que l'organisation de l'ordre intérieur dans l'usine, son bon fonctionnement, mais il ne saurait remplacer le contrat à intervenir entre le patron et l'ouvrier qui peut donner lieu à autant de dispositions qu'il y a d'individus (1) ».

D'ailleurs dans presque tous les autres pays il existe des lois indiquant aux patrons quel ordre de prescriptions peuvent contenir leur règlement, ou même imposant au patron l'obligation d'établir un règlement contenant des prescriptions d'un certain ordre.

Mais ce qu'il est difficile d'admettre, c'est, outre l'idée fondamentale de laquelle est née la loi, et l'esprit dans lequel elle est conçue, l'équité et surtout l'utilité des mesures qu'elle propose.

Elle nie le droit du patron de faire seul son règlement d'atelier et lui interdit de le faire sous peine d'une amende et même, en cas de récidive, d'emprisonnement. Tout règle-

1. Rapport Saint Romme, *J. O.*, *Doc. parl.*, *Ch.*, 6 juillet 1892.

ment doit être revisé par une commission du travail composée en nombre égal de délégués élus par les ouvriers des diverses industries, et par les employeurs.

La commission chargée d'étudier la proposition, en admit le principe, mais repoussa le système proposé comme étant à la fois injuste à l'égard du patron, inutile et même, en certains cas, dangereux pour l'ouvrier.

Le patron, qui fournit l'usine, qui est seul responsable de son bon fonctionnement, doit pouvoir assurer ce bon fontionnement comme il l'entend, et seul.

De plus, la consultation directe de l'ouvrier serait presque toujours illusoire : il n'oserait se mettre en contradiction avec son patron, par crainte d'un renvoi. Enfin le patron serait fondé à nier toute responsabilité.

Le système que proposait la commission était le suivant : Tout patron est libre de faire ou de ne pas faire de règlement d'atelier, mais s'il en fait un, il sera tenu de se conformer à certaines prescriptions, dont la première est de soumettre ce règlement à l'homologation du conseil des Prdhommes.

Parmi les dispositions qui devront être insérées dans le contrat, il en est une relative au délai de congé. Elle est prévue par l'article 5.

« Le contrat intervenu entre le patron et l'ouvrier peut prendre fin après un avertissement accordant un délai minimum d'une semaine.

Lorsqu'il n'y aura pas de règlement d'atelier ou lorsqu'il sera muet sur ce point, le délai minimum d'une semaine sera de rigueur. L'ouvrier devra observer les mêmes délais de congé que le patron.

Cette disposition du délai de congé ne s'applique pas aux

travaux temporaires où à ceux dont la durée est déterminée au moment de l'embauchage. »

Sans doute les auteurs de cette proposition ne se ren-
daient pas compte de la très importante innovation qu'ils
décidaient ainsi, accessoirement. Il ne s'agissait de rien
moins que de détruire la loi de 1890, avec tout ce qu'elle
pouvait avoir de favorable aux ouvriers, pour la remplacer
par une disposition dont l'effet le plus certain eût été de
supprimer, pour les ouvriers, l'espoir d'obtenir en cas de
renvoi, des dommages-intérêts.

Il suffisait au patron de prévenir huit jours à l'avance,
pour être quitte envers son ouvrier.

De plus le délai de huit jours est extrêmement court. C'est
presque un minimum. Le délai de quinze jours est plus ha-
bituel. Celui d'un mois, sans être fréquent existe dans quelques industries.

C'est ce que l'on répondit, à peu près, à la commission,
lorsque, le 4 novembre 1892, après déclaration d'urgence
fut discutée la proposition (1).

L'article fut donc renvoyé à la commission, malgré les
explications des partisans de la proposition, qui la défen-
daient à l'aide de deux arguments contradictoires. Le premier consistait à déclarer que l'avantage de l'article 5 était
la suppression de tout procès entre employé et employeur
pour rupture ou résiliation du contrat de travail. Le second argument, au contraire, était que l'article 5 ne portait en aucune façon atteinte à la loi de 1890. « S'il est écrit,
dans le règlement, que l'on peut être congédié, et mis à la
porte après un avertissement de huit ou quinze jours, il
restera à apprécier si cette rupture du contrat ne s'est pas

1. *J. O., Ch. des dép., Doc. parl.,* 1892, p. 1421 et s.

produite dans des conditions justifiant l'indemnité prévue par la loi de 1890... L'ouvrier dira au patron : Vous m'avez donné huit jours, j'ai dû les recevoir, mais nous allons faire juger si, soit pour la nature de mon renvoi, soit pour toute autre cause, j'ai droit à indemnité ! » Cela revient à dire que l'article 5 est une disposition inutile et sans portée.

La commission modifia l'article 5 qui fut, sous sa nouvelle forme, adopté par la Chambre : « Le contrat intervenu entre le patron et l'ouvrier ne peut prendre fin qu'après l'expiration d'un délai, dit de prévenance, dont la durée sera conforme aux usages locaux, mais ne pourra être inférieure à une semaine. Cette disposition du délai de congé ne s'applique pas aux travaux temporaires dont la durée est déterminée au moment de l'embauchage. L'ouvrier qui travaille aux pièces doit, en tous cas, terminer la pièce commencée. Le congé ne peut être donné avant ce terme par le patron que si l'ouvrier s'est montré incapable de terminer le travail ou s'est rendu coupable d'une violation très grave du règlement de la fabrique. Il ne peut être donné par l'ouvrier que si le patron ne remplit pas ses obligations envers lui, s'il le traite d'une manière contraire à la loi ou au contrat, ou s'il tolère de la part de quelque autre un traitement de ce genre. Le tout sans préjudice de l'application de l'art. 1780 du Code civil. »

Ce long article, qui pourrait faire croire à une lecture mal comprise par les auteurs de la proposition de quelques lois étrangères, eût été avantageusement remplacé par quelques mots, ajoutés à la loi de 1890 et déclarant

1. *J. O., Ch. des dép.*, séance du 4 nov. 92, disc. de M. Pourquery de Boisserin.

que,quel que soit l'usage du lieu ou de l'industrie, le délai de congé ne pourra être inférieur à huit jours, disposition d'ailleurs d'une utilité très contestable pour les ouvriers qui ont besoin, dans certaines industries, de pouvoir donner congé moins de temps à l'avance.

Le 5 novembre 1892, l'ensemble de la loi fut adopté, et la proposition fut transmise au Sénat dont la commission déposa son rapport le 20 juillet 1893 (1).

Elle repoussait l'art. 1er qui donnait au patron la faculté de faire ou de ne pas faire un règlement d'atelier, faculté qu'il a par cela même que la loi ne la lui enlève pas. Elle repoussait également l'homologation par le conseil des prudhommes. Quant à l'art. 5, la commission déclarait qu'il n'y avait pas lieu d'ajouter à l'art.1780 modifié, une telle disposition qui est à la fois inutile, car la loi de 1890 accorde aux intéressés les garanties nécessaires, et nuisible en ce qu'elle impose un délai uniforme dans des cas qui diffèrent d'industrie à industrie et de région à région (2).

Ce rapport fut suivi, le 17 mars 1894, d'un rapport supplémentaire rendant compte d'une enquête faite par le gouvernement auprès des chambres de commerce et du conseil de prudhommes, enquête absolument défavorable à la proposition Ferroul.

Sur 94 chambres de commerce qui avaient répondu, 3 étaient favorables (Angoulême, Carcassonne, Fougères), 3 n'avaient pas décidé (Brest, Narbonne et Saint-Malo). Les autres étaient défavorables.

1. Rapp. de M. Maxime Lecomte, *Doc. parl.*, Sénat, 1894, p. 61.
2. Dans l'industrie du bâtiment il n'y a pas de délai de prévenance, ce dont tout le monde se trouve bien.

L'homologation par le conseil des prudhommes était assez favorablement accueillie, 19 chambres seulement y étaient opposées. Mais l'art. 5 avait rencontré une grande opposition.

Les chambres de commerce d'Annonay, Beaune, Chambéry, La Rochelle, Louviers, Montpellier, Reims, Roanne, lui étaient nettement hostiles, préférant laisser la résiliation sous l'empire des usages ou des conventions.

La chambre de commerce de La Roche-sur-Yon donnait une opinion extrêmement juste : « Nous pensons, déclarait-elle, qu'il n'y a aucun intérêt pour le patron à conserver huit jours dans ses ateliers un ouvrier qui veut s'en aller, et qui, pendant ce laps de temps, pourra troubler le travail et exciter ses camarades.

« Nous ne pensons pas non plus que l'ouvrier qui s'est rendu coupable d'un manquement grave au règlement puisse exiger de rester 8 jours encore dans un atelier dont il ne respecte pas la règle. Le cas seul où le patron aurait renvoyé un ouvrier sans donner de motifs plausibles devrait entraîner non pas l'observation d'un délai de prévenance mais une indemnité correspondant au salaire de 8 jours de travail. Le juge de paix, dans ce cas, pourrait décider si l'indemnité est juste. »

Le système ainsi proposé serait moins favorable pour les ouvriers que la loi de 1890, car ils n'auraient jamais droit qu'à une indemnité correspondant au salaire de 8 jours de travail, mais le point de départ est très exact.

La Chambre de commerce de Paris proposa de fixer un minimum de 8 jours au délai de prévenance conventionnel, mais non à celui fixé par les usages locaux ou ceux de la profession.

Quant aux conseils de Prudhommes, les uns voulaient diminuer, d'autres augmenter le délai légal, mais la plupart se prononçaient contre le délai de prévenance obligatoire.

Devant cette opposition la commission modifia son projet, et, le 24 avril 1894, fut présentée au Sénat et adoptée. une proposition absolument différente de celle que la Chambre avait adoptée, n'ayant rien de commun avec la proposition Ferroul, ne contenant aucune disposition au sujet des règlements d'ateliers, mais qui n'était, ainsi que l'indiquait son titre, qu'une *proposition de loi sur le paiement des salaires des ouvriers.*

Adjonction de trois paragraphes à l'article 1780.

Le 3 mars 1894 M. Prudent-Dervillers, député, et plusieurs de ses collègues déposèrent une proposition (1), ayant pour objet : « l'adjonction à l'article 1780 du Code civil de trois paragraphes », ayant pour but « d'assimiler les réservistes et territoriaux congédiés à l'occasion de leur service militaire aux ouvriers et employés autorisés à réclamer des dommages-intérêts à leurs patrons en cas de résiliation injustifiée, par ceux-ci, du contrat stipulé entre eux. » Ainsi s'exprime l'auteur de la proposition qui invoque les motifs suivants :

Il arrive parfois que les hommes appelés sous les drapeaux pour une période de 28 ou de 13 jours, ne retrouvent plus, en revenant, la place qu'ils occupaient auparavant. Il y a là, une iniquité à laquelle il faut remédier. Il ne doit résulter pour personne aucune aggravation de

1. *J. O., Doc. parl., Ch. des dép.*, 1894, p. 289.

charges, du fait de l'accomplissement du service militaire.

Le remède proposé est le suivant :

« Ajouter à l'article 1780 du Code civil les paragraphes suivants :

Les dispositions générales qui précèdent visant le cas d'infractions au « contrat » dit « de louage » sont applicables au cas de renvoi des soldats réservistes ou territoriaux qui seraient congédiés, à raison de leur absence motivée par l'accomplissement de leur période d'appel.

L'indemnité qu'ils seront fondés à réclamer sera basée sur le temps pendant lequel ils avaient antérieurement occupé leur emploi, et déterminé par les us et coutumes qui font loi pour les différends soumis à la juridiction du conseil des Prudhommes.

Les tribunaux compétents, en l'espèce, seront les conseils de Prudhommes et les juges de paix, statuant dans les limites de leurs attributions.

Il ne pourra être fait appel de leurs décisions. »

Certes, cette proposition part d'un bon sentiment, mais elle est difficilement acceptable, pour de nombreux motifs.

Le paragraphe 1er est d'une inutilité manifeste. La loi de 1890 est certainement applicable au cas qu'il prévoit. Elle donne, en effet, tous pouvoirs au juge pour apprécier les motifs du renvoi.

L'employé congédié dans les conditions que prévoit la proposition, a donc le droit de demander des dommages-intérêts et le juge a le pouvoir de les accorder. Si un bon ouvrier a été, ce qui arrive très rarement, congédié par son patron pour l'unique motif d'une absence nécessité par une période d'instruction, cet ouvrier obtiendra, très probablement, des dommages-intérêts. Mais si cette absence d'un mois ou de 13 jours cause, dans le fonctionnement de l'atelier une perturbation telle que le patron soit forcé, sous peine de voir ses affaires arrêtées, de remplacer immédiatement l'absent, on ne peut, équitablement, le condamner à subir cette perte ou à indemniser l'ouvrier ou l'employé. Il est certainement très regrettable que l'accomplissement de ses devoirs militaires cause un préjudice à ce dernier. Mais si quelqu'un est responsable de ce préjudice, ce ne peut être que l'Etat qui le lui a causé. Les auteurs de la proposition en conviennent, d'ailleurs : « Appartient-il à l'Etat de se rendre directement responsable du préjudice matériel qu'il cause à un certain nombre de citoyens ? En droit, il ne peut y avoir de doute ».

La conclusion logique de cette constatation serait la responsabilité de l'Etat. Mais celle qu'en tirent les auteurs de la proposition est tout autre. Ils ajoutent, en effet, immédiatement : « Mais, comme, dans l'espèce, il ne s'agit que d'empêcher un dommage qui résulte d'actes — nous allions dire de caprices, — d'une catégorie d'employeurs qui trouvent leur compte aux mesures de sécurité générale qu'assure notre service militaire, nous pensons qu'il n'est que juste de les obliger d'avoir quelques égards pour ceux qui y sont soumis et de les rendre, dans une certaine limite, responsables des renvois motivés par cette obligation. »

La nécessité d'une telle loi est d'autant moindre que les auteurs de la proposition avouent eux-mêmes la grande rareté des renvois motivés par la cause qu'ils prévoient.

La première partie du 2ᵉ paragraphe est une inutile répétition du 2ᵉ alinéa de la loi de 1890, et sa deuxième partie ainsi que les deux paragraphes suivants constituent une modification très importante de la loi précitée. Celle-ci ne modifie en rien la juridiction compétente en matière de louage de services, tandis que la proposition nouvelle donne compétence, uniquement et sans appel, aux conseils de Prudhommes et aux juges de paix. Il est difficile de comprendre les motifs de cette exception en faveur des employés ou ouvriers renvoyés dans le cas prévu par la proposition, les employés ou ouvriers congédiés sans motif étant tout aussi intéressants.

Cependant la commission chargée d'étudier la proposition a conclu à la prise en considération (1).

Conciliation et arbitrage. Proposition de M. de Mun.

La loi du 27 décembre 1890 n'organise, pour les différends entre patrons et ouvriers, aucune juridiction spéciale.

Or, si l'inconvénient n'est pas très grand lorsque les différends sont de la compétence des juges de paix ou des Prudhommes, il est loin d'en être de même lorsque les tribunaux civils sont appelés à juger.

Les frais sont très élevés, le procès dure longtemps, et, souvent, l'ouvrier n'ose entreprendre un procès par crainte d'une grosse perte de temps et d'argent. Il eût certainement été préférable que la loi instituât une juridiction spéciale, rapide et peu coûteuse, telle qu'il en existe dans quelques pays.

Ce motif seul suffirait à justifier la proposition de M. de Mun, sur la conciliation et l'arbitrage, déposée le 25 novembre 1895 et ainsi conçue :

1. *J. O., Doc. part., Ch. des dép.*, 1894, p. 1141.

« Les patrons et ouvriers appartenant au même métier, à la même industrie ou à des professions similaires, peuvent, sans autorisation, constituer d'un commun accord, un conseil permanent de conciliation et d'arbitrage, destiné à prévenir et à régler les difficultés qui pourraient naître entre patrons et ouvriers au sujet des règlements d'atelier, salaires, contrats de travail et d'apprentissage, de la durée du travail, du chômage, et de toutes autres questions professionnelles. »

Les motifs sur lesquels M. de Mun appuie sa proposition sont les suivants. La loi de 1892 sur la conciliation et l'arbitrage en cas de conflits collectifs entre patrons et ouvriers grévistes, n'a pas produit tous les résultats que l'on pouvait en attendre. La cause de son insuffisance est qu'elle est plutôt une invitation qu'une loi. « Sa grande lacune est qu'elle n'a offert qu'un moyen pacifique de dénouer les conflits au lieu de chercher à les prévenir. Elle est un expédient au lieu d'être une réforme... Il y a quelque chose de bien plus efficace que la solution pacifique d'une grève, de bien plus important que d'apaiser les conflits, c'est de les prévenir, de les empêcher de naître. »

Le meilleur moyen est de rapprocher patrons et ouvriers, de les mettre en rapports constants. Echangeant leurs idées, ils finiront par se comprendre.

C'est de cette pensée que sont nés, dans d'autres pays, les conseils permanents de conciliation qui donnent les meilleurs résultats (1).

1. En Angleterre, les conseils permanents de conciliation, qui sont au nombre de 41, ont, pendant l'année 1895 examiné 1707 demandes ou différends; 365 demandes ont été retirées au cours de la discussion, 1121 ont été conciliées, 221 ont fait l'objet d'un arbitrage.

Ils donneraient probablement les mêmes résultats en France, et il faut espérer que la commission du travail à laquelle a été renvoyée la proposition, saura en tirer profit.

Louage d'ouvrage. — Proposition de M. Goblet.

La « proposition de loi sur le contrat de louage d'ouvrage » de M. Goblet semble faite pour démontrer ces efforts du législateur pour réprimer l'instabilité, efforts conscients ou inconscients, dont nous avons parlé. C'est, en effet, une arme nouvelle et, théoriquement, très puissante, contre l'instabilité. Les moyens employés sont, d'ailleurs, violents : suppression du louage de services à durée indéterminée ; suppression du louage de services à courte durée, suppression du droit réciproque de résiliation, obligation pour les parties de constater les conventions par écrit.

Les motifs invoqués sont, en premier lieu l'incertitude, la fragilité du contrat de louage sans détermination de durée.

« Il ne fixe d'une façon certaine ni le salaire, ni les con-
« ditions du travail, et cette incertitude sur les éléments es-
« sentiels du contrat aussi bien que sur sa durée laisse les
« deux parties à la merci des fantaisies ou des exigences de
« l'une ou de l'autre ».

Il est difficile de voir qui a intérêt à la fixité du salaire.

Est-ce l'ouvrier qui, dans les bonnes années, ne pourra demander d'augmentation, ou le patron qui, dans les mauvaises, devra cesser son industrie, ne pouvant demander une diminution ?

Il est vrai que chaque partie peut congédier l'autre quand il lui plait, sauf toutefois à lui payer des dommages-intérêts s'il y a eu abus commis et préjudice causé. Mais la loi de

1890 n'a pas eu d'autre but que de remédier au danger qu'offrait la faculté de résiliation à tout moment et sans motif.

« Ce serait déjà un progrès d'avoir inscrit dans la loi que faute d'une convention dérogatoire, le contrat de louage d'ouvrage serait réputé fait pour une durée déterminée, six mois ou un an par exemple et ne pourrait être rompu qu'après un certain délai d'avertissement. Mais ne peut-on aller plus loin et admettre qu'il appartient à la loi d'imposer de semblables engagements, sinon à tous les patrons, au moins à la grande industrie ? »

La loi qui imposerait aux parties un engagement d'une certaine durée violerait aussi complètement que possible deux principes fondamentaux du Code civil : la liberté des conventions et la liberté individuelle. Mais le législateur peut méconnaître ces principes lorsqu'il s'agit d'un intérêt d'ordre public. Il est certain que si la loi projetée devait rendre au contrat sa stabilité, cette dérogation aux principes de la liberté des conventions et de la liberté individuelle serait sinon justifiée au moins excusée par le but visé. Mais en est-il ainsi ? Pourquoi le patron, lié par un contrat d'une année, pourquoi l'ouvrier ainsi lié hésiteraient-ils plus à rompre le contrat qu'ils n'hésitent actuellement ? Les conséquences seraient-elles plus graves ? seraient-elles autres ? Nullement. Il y aura lieu, comme aujourd'hui, à allocation de dommages-intérêts.

La seule différence est que le patron auquel l'employé renvoyé réclamera des dommages-intérêts sera tenu de prouver qu'il avait, pour rompre le contrat, des motifs légitimes, alors qu'aujourd'hui la preuve incombe au demandeur. Il y aura pourtant une autre différence : l'employé, quelles que soient les raisons de famille ou de santé qui le contraignent à changer d'atelier, quelles que soient les offres qui lui seront faites, est irrévocablement lié pour un an.

Ces résultats ne justifient pas une réforme qui, outre qu'elle violerait les principes fondamentaux du Code, apporterait dans l'industrie une perturbation immense.

La loi ne s'appliquerait, il est vrai, ¦qu' « à la grande industrie où le travail est permanent ». Il y a, en effet, des industries dans lesquelles il est impossible d'engager des ouvriers à l'année, soit que le travail ne puisse être exécuté que pendant quelques mois par an, soit qu'il y ait, et cela est fréquent, une morte saison pendant laquelle, sous peine de se ruiner complètement, le patron ne peut employer qu'un petit nombre de ses ouvriers et employés. Mais, même avec cette restriction, la loi est d'une application difficile. Il serait, en effet, rigoureux d'imposer au patron qui entreprend une nouvelle industrie, sans savoir, naturellement, si elle réussira, d'engager tous ses ouvriers pour un an. Il ne le serait pas moins de forcer les patrons, dans certaines industries qui exigent de la part des ouvriers, une grande habileté, à engager pour une année des ouvriers, de l'adresse desquels il n'ont pu se rendre compte, ou d'empêcher les patrons qu'une augmentation subite et temporaire dans la demande oblige à augmenter momentanément leur production, d'engager temporairement le nombre d'ouvriers nécessaire.

Quant aux ouvriers, ils ne sauraient être satisfaits d'une loi qui les contraindrait à se lier pour une année dans un atelier qu'ils ne connaissent pas, où, peut-être, ils seront malheureux, et dans lequel ils devront rester quelles que soient les occasions que s'offriront d'une situation préférable.

Tel étant le principe de la proposition, il reste à étudier l'application qu'en fait son auteur.

« Article 1er Dans les usines, manufactures, mines, minières et carrières, chantiers et ateliers où le travail est permanent, aucun embauchage d'ouvriers ne pourra avoir lieu directement ou par l'intermédiaire des syndicats qu'au moyen d'une convention écrite et signée par les parties ou par un mandataire désigné à cet effet.

Il en sera de même dans les ateliers et manufactures de l'Etat. »

Les articles 2 et 3 déterminent ce que devra contenir cette convention qui sera, pour les deux parties, une source d'ennuis et de frais.

« Article 2. La convention déterminera la durée du contrat de louage, qui ne pourra être moindre d'une année, le salaire de l'ouvrier, les conditions de payement, et, s'il y a lieu, de participation aux bénéfices de l'industrie, les sommes qui devont être soit prélevées sur les salaires, soit fournies par l'employeur, pour constituer les caisses de secours, d'assurance contre les accidents, et de retraites. »

« Article 3. A la convention seront annexés les règlements intérieurs de l'entreprise ainsi que les statuts des caisses de secours, d'assurance et de retraites. Ces pièces devront être paraphées par les parties. »

Il est certain que les employeurs, afin d'éviter des discussions perpétuelles et des ennuis renouvelés à chaque engagement, auront un type unique de contrat, que tout ouvrier devra accepter s'il veut s'engager. Dès lors il est difficile de voir l'avantage que présente ce système, sur celui qui est actuellement en usage et qui consiste à faire signer le règlement d'atelier par tout employé nouveau.

« Article 4, § 1er. L'employeur ne pourra renvoyer l'ouvrier, ni l'ouvrier quitter l'entreprise avant l'expiration du
contrat, sans motifs légitimes, sous peine d'être passible
d'une action en indemnité sur laquelle il sera statué par
le juge de paix du lieu de l'entreprise. »

Il suffira donc à l'employeur ou à l'employé, pour n'être
tenu d'aucune indemnité, de prouver la légitimité des motifs de la rupture. Il n'y a entre le système proposé et le
système actuel que deux différences : 1° toute rupture sera
inévitablement suivie d'un procès ; 2° la preuve devra être
faite par le défendeur.

« § 2. En cas de renvoi non justifié, l'employeur sera
condamné à payer à l'ouvrier congédié, les salaires du
temps restant à courir, sans déduction des prélèvements
indiqués à l'article 2, et à lui rembourser les prélèvements
déjà opérés ; la somme pourra être portée au double à titre de dommages-intérêts. »

L'employeur qui congédiera un ouvrier connaîtra donc
exactement le maximum des dommages-intérêts auxquels
il pourra être condamné, et ceux-ci seront, parfois, loin
d'être équivalents au préjudice causé, puisqu'un maximum
est fixé. L'ouvrier congédié sans motifs un mois avant
l'expiration du contrat ne pourra obtenir, au maximum, que
le salaire de deux mois, alors qu'avec le système actuel il
pourrait peut-être obtenir beaucoup plus.

« § 3. L'ouvrier qui, sans motif légitime, aura quitté
l'entreprise avant le terme convenu perdra le bénéfice des
sommes prélevées sur ses salaires : il pourra être condamné, en outre, à des dommages-intérêts ».

Cette disposition est très dure pour l'ouvrier qui a fait
des versements à une caisse de retraites. Par contre, le re-

cours du patron contre l'ouvrier sera presque toujours illusoire s'il n'y a pas eu de prélèvements opérés. Il ne le sera pas moins si ces prélèvements ont été versés dans la caisse des retraites, distincte de celle du patron.

L'article 5 est le seul qui contienne une disposition tout à la fois utile et équitable :

« Article 5. En cas de contestation sur l'application des règlements et des statuts visés par l'article 3, le différend sera réglé par les conseils permanents de conciliation, établis conformément à la loi ».

L'article 6, au contraire ne pourra satisfaire ni les employeurs, ni les employés :

«Article 6. Si le contrat n'a pas été dénoncé par l'une ou l'autre des parties un mois au moins avant son expiration, il sera prorogé de plein droit pour une durée égale à celle primitivement fixée. ».

Ce délai d'un mois est bien long. Il ne conviendra, certes pas, pour des motifs évidents, ni à l'ouvrier qui a donné congé, de rester encore, pendant un mois, lié à son patron, ni surtout au patron de garder pendant un mois, un ouvrier qui sait qu'il ne doit pas rester.

Enfin les deux derniers articles obligent, sous peine d'amendes, les patrons à se conformer aux dispositions précédentes dans le délai de trois mois à partir de la promulgation de la loi.

Telle est cette proposition qui, théoriquement, semble atteindre le but de réaction contre l'instabilité, qu'elle vise, mais qui, en pratique, se heurterait à des difficultés insurmontables, et même à des impossibilités.

Toutes ces propositions ont, ainsi que nous l'avons dit au

début, un but commun : faire renaître la stabilité, mais elles ont toutes également, sauf celle de M. de Mun, un défaut commun qui les empêche d'atteindre ce but. Elles veulent venir en aide à l'ouvrier, en attaquant le patron, car, aujourd'hui, ce ne sont plus les employés, ce sont les employeurs qu'on rend responsables de l'instabilité. Les auteurs de ces propositions ne se rendent, semble-t-il, pas compte que chaque coup porté à l'employeur, atteint l'employé.

CHAPITRE V

CONCLUSION

Rien de définitif n'a été fait jusqu'ici en ce qui concerne la résiliation du contrat de louage de travail. Le seul texte que nous possédons, la loi du 27 décembre 1890, est incomplet, insuffisant, parce que ses dispositions ne sont ni nettes, ni franches.

La formule désirable reste donc à trouver. Dans quel sens le législateur devra-t-il diriger ses recherches ? Nous espérons avoir réussi à démontrer que le but qu'il doit se proposer est la répression de l'instabilité. Or, ce but ne pourra être atteint que si le législateur réussit, auparavant, à faire cesser l'antagonisme entre employeurs et employés, antagonisme qu'il a contribué, et contribue encore à augmenter, sous prétexte de protéger le faible contre le fort, l'ouvrier contre le patron.

C'est donc à rétablir l'harmonie que doivent tendre aujourd'hui tous les efforts du législateur. C'est à cela que ces efforts se borneront peut-être, car le contrat de travail est une institution en pleine évolution.

Concurremment avec l'ancien contrat, strictement individuel, un autre mode se développe : le contrat collectif, c'est-à-dire conclu soit entre un patron et un syndicat ouvrier, soit entre deux syndicats, soit encore entre patrons et ouvriers réunis en un comité mixte, qui fixe les salaires et les conditions du travail (1).

Le contrat collectif n'est pas encore bien établi : il n'est, jusqu'ici que l'exception. La faute en est surtout à la jurisprudence qui, par une distinction étrange, permet aux syndicats de traiter avec un patron, de contracter au nom de leurs membres, mais n'admet pas qu'ils puissent réclamer en justice l'exécution du contrat.

Il est permis d'espérer que, dans un avenir prochain, cette jurisprudence sera modifiée. Le contrat collectif triomphera alors, rendant inutile toute intervention du législateur, car les contractants traiteront d'égal à égal.

Quoiqu'il en soit, pour le moment, le législateur ne doit avoir pour but que de faire cesser l'instabilité, et l'antagonisme entre patrons et ouvriers. Pour cela, il a le choix entre deux partis : il peut s'abstenir d'intervenir dans le contrat, laissant aux parties la liberté la plus complète, ou, au contraire, intervenir brutalement, énergiquement, enlevant aux contractants toute initiative et les contraignant, employeurs ou employés, à l'obéissance. Toute mesure intermédiaire serait une demi-mesure, sans efficacité réelle.

Lequel de ces deux partis est le meilleur ? Le premier, évidemment. L'intervention brutale ne ferait qu'irriter l'antagonisme de classe, augmenter les désordres actuels, et, d'ailleurs, tout ce qui porte atteinte à la liberté individuelle est mauvais.

Mais l'abstention n'est pas l'indifférence. Si le législa-

1. *Off. du Trav. conciliation et arbitrage*, p. 507.

teur ne doit pas intervenir dans le contrat, il ne doit pas non plus assister en spectateur désintéressé aux luttes entre patrons et ouvriers, attendant impassiblement qu'elles se calment. Il doit aider de tout son pouvoir à ramener la paix, tout en laissant les parties absolument libres dans leurs rapports entre elles. Il le doit, et il le peut, car plusieurs moyens s'offrent à lui.

Il peut augmenter le plus possible les occasions de conciliation, en poussant les intéressés à former des conseils mixtes, chargés de concilier les différends entre employeurs et employés, ou même en créant de tels conseils. Il peut favoriser les syndicats professionnels, afin d'amener le contrat collectif à être, le plus tôt possible, le mode normal du contrat de louage de travail.

L'entente se fera plus facilement entre deux syndicats, deux collectivités, qu'entre deux individus. D'ailleurs, elle se fera forcément, car le défaut d'entente serait la ruine pour les uns, la misère pour les autres. Les deux classes commenceront donc par s'entendre sous la pression de la nécessité, puis, voyant le danger de l'antagonisme et les bienfaits de l'entente, ayant surtout une connaissance les uns des autres qui leur manque aujourd'hui, ils comprendront, sans doute, que la première nécessité est l'union.

Mais, pour cela, le législateur doit agir le premier, modifier la législation des syndicats, de telle sorte qu'ils puissent acquérir, posséder, devenir enfin assez riches pour que les patrons osent traiter avec les syndicats ouvriers sans craindre, si leurs ouvriers manquent aux conditions du contrat, de se trouver en face d'un syndicat insolvable, ainsi que cela aurait lieu, aujourd'hui, pour la plupart d'entre eux.

Cette solution peut effrayer ceux qui, voyant les agissements actuels des syndicats, les considèrent comme des
agents dissolvants, ayant pour unique but la lutte contre
l'employeur. Il est évident que l'attitude des syndicats
professionnels ouvriers n'est pas pour démentir cette appréciation. Mais pourquoi ont-ils pris cette attitude ? C'est
d'abord parce que, n'étant pas une institution solidement
établie, ils ne fonctionnent pas encore normalement. Or,
toutes les institutions, même celles qui, par la suite, sont
devenues les meilleures, ont été, au début, vicieuses. Le
vice actuel des syndicats est précisément cette attitude
dont le motif est peut-être, surtout, la conduite des patrons
envers eux. Considérés comme des ennemis, ils se voient
forcés de rester sur la défensive, de prendre même, parfois,
l'offensive, obligés qu'ils sont de résister pour exister.

Mais, lorsqu'ils seront devenus une institution stable,
régulière, définitivement acceptée, ils fonctionneront normalement. N'ayant plus à lutter pour l'existence, ils cesseront de lutter, surtout lorsqu'ils auront compris, qu'à cet
antagonisme ils ont tout à perdre, et ils ne tarderont pas à
le comprendre.

APPENDICE

LÉGISLATION ÉTRANGÈRE

APPENDICE

Allemagne.

Avant 1787 le système corporatif régnait en Allemagne comme en France.

La première loi industrielle fut la loi prussienne de 1845, qui fût, le 21 juin 1869, étendue à toute l'Allemagne du Nord, puis à l'empire entier.

Cette loi a été modifiée en 1876, puis en 1878, sur quelques points de détail. Elle a été refondue entièrement le 1ᵉʳ juillet 1883.

Les lois actuellement en vigueur sont : la loi sur l'industrie (1), présentée au Reichstag, le 8 mai 1890, promulguée le 1ᵉʳ juin de la même année, et la loi sur les tribunaux industriels, du 29 juillet 1890.

L'article 122 de la loi du 1ᵉʳ juillet 1883 décidait que : « le contrat de travail entre employés et employeurs peut, sauf conventions contraires, être dénoncé par l'un des contractants, en observant un délai de quinze jours. »

Le projet présenté par le Gouvernement le 6 mai 1890, ne comportait aucune modification à cet article. Mais la

1. Gewerbeordnung.

commission proposa en deuxième lecture l'addition suivante :

« Si d'autres délais de congé sont stipulés, ils doivent être égaux pour les deux parties à peine de nullité. »

Cette rédaction fut adoptée par le Reichstag malgré les efforts du député Bebel qui voulait que l'on déclarât nulle toute convention entre patrons et ouvriers.

L'article 123 permet au patron de congédier son ouvrier sans préavis, dans un certain nombre de cas :

Article 123. « Les compagnons et aides peuvent être renvoyés avant l'expiration de la période convenue et sans dénonciation :

1° Si, lors de la conclusion du contrat, ils ont trompé le patron par la présentation de livrets et de témoignages faux ou altérés, ou s'ils l'ont induit en erreur sur l'existence d'un autre contrat de travail qui les liait.

2° S'ils se sont rendus coupables d'un vol, d'un détournement, d'une soustraction, d'une tromperie ou d'un dérèglement de conduite.

3° S'ils ont abandonné le travail sans y avoir été autorisés ou si, de toute autre manière, ils se refusent obstinément à remplir les obligations qui leur incombent en raison du contrat de travail.

4° Si, malgré les avertissements, ils manient imprudemment le feu et la lumière.

5° S'ils se rendent coupables de voies de fait ou d'injures graves à l'égard du patron ou de ses représentants ou de leurs familles.

6° S'ils se rendent coupables d'une détérioration matérielle au détriment du patron ou d'un compagnon de travail.

7° S'ils incitent des membres de la famille du patron ou des compagnons de travail à commettre des actions contraires aux lois et aux bonnes mœurs, ou les commettent avec eux.

8° S'ils sont incapables de continuer leur travail ou atteints d'une maladie repoussante.

Dans les sept premiers cas le patron ne peut plus agir s'il connaît les faits depuis plus de 8 jours. »

L'article 124 indique les cas dans lesquels l'ouvrier peut quitter son patron dans les mêmes conditions, c'est-à-dire sans délai. Cet article était, dans la loi de 1883, ainsi libellé :

« Article 124. Les ouvriers peuvent quitter le travail avant l'expiration de la période fixée, et sans dénonciation :

1° S'ils deviennent incapables de continuer à travailler.

2° Si le patron, ou ses représentants, ou des membres de leur famille, incitent ou cherchent à inciter (1) les ouvriers ou des membres de leur famille à des actes contraires aux lois ou aux bonnes mœurs, ou les commettent avec eux.

3° Si le patron ne paye pas ses ouvriers selon les conventions.

4° Si la continuation du travail expose la vie ou la santé des ouvriers à un danger certain qui ne pouvait être prévu lors de la conclusion du contrat. »

Les additions suivantes furent faites à ce texte en 1890.

124 *a*). De plus, chacune des parties peut, pour des motifs graves, réclamer la résolution du contrat avant l'expiration de la période convenue, et sans préavis, si cette période est supérieure à quatre semaines et ce délai stipulé supérieur à 15 jours. Le juge apprécie la gravité des motifs.

124 *b*). Si l'ouvrier quitte son travail avant le délai con-

____

1. Les mots : « cherchent à inciter » datent de 1890.

venu, le patron peut lui réclamer une indemnité, même s'il n'a pas souffert un dommage. Cette indemnité est égale au salaire des jours restant à courir sans pouvoir excéder 8 jours. Ce droit est réciproque (1). La partie qui a obtenu cette indemnité ne peut plus réclamer ni l'exécution du contrat ni d'autres dommages-intérêts.

La loi décide également que le patron qui embauche un ouvrier qui a violé son contrat de louage, et l'embauche sciemment, ou celui qui, ayant embauché un ouvrier, apprend qu'il a rompu son contrat, doit indemniser l'ancien patron, sauf s'il s'est écoulé un délai de quinze jours depuis l'époque ou le contrat aurait pris fin.

Règlements d'atelier.

Les articles 134 et suivants du Gewerbeordnung de 1890 sont relatifs aux règlements d'atelier (arbeitsordnung).

L'article 134 interdit aux patrons de fabriques occupant au moins 20 ouvriers de stipuler en cas de rupture illégale du travail par le fait de l'ouvrier, la retenue du salaire exigible au delà du montant du salaire hebdomadaire moyen. Dans ces fabriques, l'indemnité, en cas de rupture, est limitée au préjudice causé.

L'article 134 *a*) décide que : « Toute fabrique dans laquelle 20 ouvriers au moins sont occupés en général, devra être pourvue dans le délai de quatre semaines, à dater de l'entrée en vigueur de la présente loi, ou de l'ouverture de l'établissement, d'un règlement d'atelier. »

La loi indique quelles sont les prescriptions que devra contenir ce règlement. Ce sont celles relatives :

1° Au commencement et à la fin de la journée ordinaire

1. Avant 1869 l'ouvrier qui avait rompu son contrat était dénoncé par son maître à la police qui le recherchait et le ramenait à son travail *manu militari.*

de travail, ainsi qu'aux interruptions de travail prévues pour les ouvriers adultes ;

2° A l'époque de la paye et à la manière de la calculer ;

3° Au délai de dénonciation, et aux motifs autorisant le renvoi ou la sortie sans dénonciation ;

4° A la nature et à l'importance des punitions. A la manière de les fixer, et, lorsqu'il s'agit d'amendes de police, au mode de recouvrement et à l'emploi du produit ;

5° A l'emploi des sommes provenant des retenues opérées en cas de rupture illégale du contrat de travail.

Les articles **134** *b*) et suivants indiquent avec les plus grands détails tout ce que peut contenir le règlement.

De plus il ne doit pas contrevenir aux prescriptions des articles **122** et suivants.

Juridiction :

En ce qui concerne la juridiction, la loi industrielle de 1869, article **108**, renvoyait aux autorités communales les contestations entre patrons et ouvriers concernant : « la conclusion, la prorogation, la rupture du contrat de louage, les prestations de services qui en résultent. » lorsqu'il n'existait pas de juridiction spéciale. Cette disposition fut reproduite par la loi du 17 juillet 1878, article 120, § 2.

La loi du **18** juillet 1881 créa les tribunaux de corporations (Innungen) divisés en *Spruchbehorden*, saisis des contestations entre patrons et apprentis.

La loi du **29** juillet 1890, organise les tribunaux industriels pour trancher les contestations d'ordre individuel survenues entre ouvriers d'une part, et patrons d'autre part (art. 1er). Ces tribunaux sont composés d'un préside nt un vice-président et quatre assesseurs au moins.

Le président et le vice-président ne doivent être ni pa

trons, ni ouvriers. Ils sont nommés pour une année au moins.

Les assesseurs sont élus moitié par les patrons, moitié par les ouvriers.

Ces tribunaux sont compétents *ratione materiæ* quelle que soit la valeur du litige en matière de contestations concernant : la conclusion, la prorogation ou la rupture du contrat de louage de travail et les peines conventionnelles stipulées à l'occasion du contrat (art. 2).

Leur compétence est exclusive de celle des tribunaux ordinaires. A l'avantage de juger avec une grande rapidité, ils joignent celui de n'occasionner que des frais très minimes.

Ces frais sont : de 1 mark pour une contestation de 20 marks et au-dessous ; de 1 mark 50 pour une contestation de 21 à 50 marks et de 3 marks pour une contestation de 51 à 100 marks inclusivement. Au delà, les frais sont de 3 marks par 100 marks. Toutefois il ne s'élèvent pas au-dessus de 30 marks.

En cas de désistement du demandeur, les frais sont diminués de moitié et, en cas d'arrangement, même après débats contradictoires, il n'est perçu aucun droit.

Angleterre

Le *Master and Servant act* de 1867 établissait une grande différence entre le cas où c'est le patron qui viole le contrat, et le cas où c'est l'ouvrier. Dans le premier cas, l'ouvrier ne pouvait réclamer que des dommages-intérêts, tandis que dans le second, le maître, outre l'action civile qui lui était toujours ouverte, pouvait poursuivre l'ouvrier au criminel et le faire condamner à trois mois de prison.

Mais depuis la loi du 1ᵉʳ septembre 1875 cette inégalité a cessé et, sauf dans quelques cas exceptionnels indiqués par une loi de la même date, la « loi contre les coalitions et pour la protection de la propriété », l'inexécution du contrat de louage peut seulement donner lieu à des dommages-intérêts.

C'est ce que décide l' « Acte pour augmenter les pouvoirs des cours de comté pour la solution des litiges entre patrons et ouvriers et pour donner à d'autre cours une juridiction civile limitée en ce qui concerne les litiges (1) ».

Cette loi, dans son article 3, donne aux Cours de comté les pouvoirs suivants pour régler les différents entre patrons et ouvriers :

I. Elles connaîtront des réclamations des patrons ou de celles des ouvriers, que la somme réclamée soit ou non liquide s'il s'agit du salaire, d'indemnité ou de toute autre question analogue.

II. Elles pourront rescinder tout engagement contracté entre patrons et ouvriers en ordonnant tel paiement par le patron, tel retranchement du salaire de l'ouvrier ou telle autre indemnité de part et d'autre qu'elles croiront juste.

III. Dans les cas ou il y aurait lieu de prononcer des dommages-intérêts pour inexécution du contrat, la Cour peut, au lieu de prononcer la condamnation, et du consentement du demandeur, autoriser le défendeur à donner une caution qui réponde de l'entière exécution du contrat.

L'article 4, dans le cas où ni le montant du litige, ni la condamnation (sans les frais), ni le chiffre du cautionne-

---

1. An act to enlarge the powers of County Courts in respect of disputes between employers and workmen and to give other courts a limited civil jurisdiction in respect of such disputes.

ment exigé n'excèdent 10 livres sterling, donne compétence aux Cours de juridiction sommaire. L'article 10 explique que l'on entend par ces mots : « dans la cité de Londres, le lord maire ou un alderman siégeant à Mansion House ou dans la chambre de justice du Guildhall. Dans le reste de la capitale, tout magistrat siégeant dans une des Cours de police métropolitaines.

Dans tout autre ville ayant un magistrat rétribué, ce magistrat siégeant dans une des Cours de police métropolitaines.... »

Une autre loi de la même date, l'act rectifiant la loi sur les coalitions et la protection de la propriété et sur d'autres sujets (1) punit, dans certains cas d'amende ou de prison, la rupture du contrat de travail :

« Tout individu, employé soit par les autorités municipales, soit par une Compagnie privée, soit par un entrepreneur à la fourniture du gaz ou de l'eau pour les besoins d'une ville entière ou d'un quartier de ville qui rompra son engagement volontairement et dans une intention malveillante, sachant ou ayant raisonnable motif de penser que la conséquence probable de cet acte, qu'il soit commis par lui seul ou avec d'autres, sera de priver d'eau ou de gaz tout ou partie des habitants de cette ville, sera condamné par la Cour de juridiction sommaire à une amende n'excédant pas 38 livres sterling ou à la prison avec ou sans travail forcé pour un temps n'excédant pas trois mois. »

La loi prescrit l'affichage de cet article dans un endroit apparent des ateliers et punit d'une amende de 5 livres

---

1. « An Act fort amending the law relating to conspiracy and to the protection of property and for other purposes. »

par jour le défaut d'affichage ou de renouvellement de l'affiche.

L'art. 5 punit d'une amende de 30 l. st. au plus, ou de trois mois de prison avec ou sans travail forcé, au plus : « Toute personne qui volontairement ou par malveillance, seule ou avec d'autres, rompt son contrat de services, sachant ou ayant motif de penser qu'il met ainsi en péril la vie humaine ou les propriétés. »

Conseils de conciliation et d'arbitrage.

Une loi du 15 août 1867 a institué des conseils de con_ ciliation pour régler les différends entre patrons et ouvriers. Ces conseils sont composés en nombre égal de patrons et d'ouvriers. Ils ne peuvent avoir moins de quatre membres ni plus de vingt, plus un président étranger à l'industrie et élu par le conseil.

Ces conseils n'existent qu'après que patrons et ouvriers réunis dans ce but ont décidé leur création et obtenu l'autorisation de la reine. Une fois institué, le conseil juge en dernier ressort quel que soit l'objet du litige.

Tout litige est d'abord soumis à un comité permanent de conciliation composé de deux des membres du conseil, l'un patron et l'autre ouvrier, qui s'efforcent d'amener les parties à une entente amiable. Si l'accord ne se fait pas l'affaire est soumise au conseil.

Un act du 6 août 1872, complète le précédent. Il décide que si le patron et l'ouvrier ont fait une convention par laquelle ils s'engagent à soumettre tous les litiges qui pourraient se présenter à l'occasion du contrat de travail, à l'arbitrage du conseil, ils seront mutuellement liés pour toute la durée du contrat d'engagement.

Autriche.

La première loi autrichienne sur l'industrie date du 20 décembre 1859. Elle rendait les corporations obligatoires, mais en facilitait l'accès.

Le 15 mars 1883 fut promulguée une nouvelle loi industrielle qui laissa subsister les corportions. Seule a grande Industrie échappait au régime corporatif.

Enfin la loi du 8 mars 1885 modifia, sur certains points, les précédentes.

L'article 72 de cette dernière loi déclare que la fixation des rapports entre les patrons et leurs ouvriers est l'objet d'un contrat librement consenti dans les limites tracées par la loi.

Lorsque le contrat est muet au sujet du délai de dénonciation, l'article 77 fixe ce délai à 14 jours. Mais les ouvriers payés à la journée et ceux qui travaillent suivant les conventions ne sont autorisés à se retirer qu'après avoir régulièrement terminé l'ouvrage entrepris.

D'ailleurs, en général, le délai de congé est stipulé dans le contrat.

Lorsque le patron congédie brusquement un ouvrier, il doit lui tenir compte de ses salaires jusqu'à l'expiration du délai. Si c'est l'ouvrier qui quitte brusquement, il est passible de peines, et peut même être ramené *manu militari* à l'atelier.

Toutefois la loi énumère limitativement certains cas dans lesquels celui qui dénonce le contrat n'a pas besoin d'observer les délais :

L'ouvrier peut être congédié sans délai :

S'il a remis de faux certificats de travail.

S'il n'a pas prévenu qu'il était engagé ailleurs.

S'il est incapable de rendre les services en vue desquels il a été engagé.

S'il s'est rendu coupable de vol ou d'indélicatesse.

S'il est habituellement en état d'ivresse.

S'il trahit les secrets de fabrication.

S'il pousse ses camarades à la désobéissance et à la révolte.

S'il commet des imprudences graves, contraires au règlement.

S'il est atteint d'une maladie contagieuse ou repoussante.

L'ouvrier peut quitter sans délai :

Si sa santé l'y oblige.

Si le patron lui inflige de mauvais traitements ou retient son salaire, ou demande des services illégaux ou immoraux.

Règlements d'atelier.

Tout atelier occupant plus de vingt ouvriers doit avoir un règlement signé par le patron, visé par l'administration, porté à la connaissance de chaque ouvrier à son entrée, et affiché dans l'atelier.

Juridiction.

En cas de conflit au sujet du contrat d'engagement, trois juridictions spéciales sont compétentes.

1° Les *tribunaux industriels* organisés par la loi du 14 mai 1869 et correspondant à nos conseils de Prud'hommes.

Les principaux sont ceux de Vienne (machines et métallurgie), Reichenberg (tissanderie), Brunn (tissage).

Le nombre des membres varie de 12 à 24.

La compétence de ces tribunaux n'exclut pas celle des tribunaux ordinaires.

2° Les *Commissions d'arbitres* créées par la loi du 15 mars 1888.

Elles sont organisées par corporation, avec l'autorisation de l'autorité politique de chaque province.

3° Les *Collèges d'arbitres* formés d'arbitres élus moitié par les patrons, moitié par les ouvriers dans les régions où il n'y a pas de tribunaux industriels.

4° Des *Inspecteurs d'industrie* parcourent les ateliers et fabriques et tâchent de concilier ouvriers et patrons.

Leur entremise est très efficace. En 1888, un seul d'entre eux a réussi à amener la conciliation dans 1040 cas dont plus de 300 relatifs à des renvois brusques.

Danemark.

Le contrat de louage de travail à durée indéterminée est très rare. Les trois modes de paiement usités sont : le salaire à la journée, le salaire à la tâche fixe et limitée par jour, le salaire aux pièces, réglé par accord entre patron et l'ouvrier.

Le dernier mode est le plus usité, sauf dans certains corps de métiers : les boulangers, les bouchers, les barbiers, les doreurs, les chaudronniers, etc.

Les litiges relatifs à l'exécution du contrat sont de la compétence des tribunaux ordinaires, qui allouent des dommages-intérêts à la partie lésée, en tenant compte des usages de l'industrie et de la localité, de la nature des services engagés, des conventions intervenues et en général de toutes les circonstances pouvant servir à déterminer l'étendue du préjudice causé.

Espagne.

Le contrat de louage de travail est régi par le Code civil

dont l'article 1583 répète les dispositions de l'article 1780 du Code civil français.

Hongrie.

La loi hongroise sur l'industrie date du 21 mai 1884. Elle prévoit dans ses articles 94 et 95 les cas où l'ouvrier peut être congédié et ceux où il peut se retirer immédiatement et sans dénonciation.

Article 94. L'ouvrier peut être congédié immédiatement, sans dénonciation :

a) S'il commet un acte punissable ayant la cupidité pour mobile.

b) S'il se rend coupable de voies de fait ou d'outrages grossiers envers le patron, son représentant, ou un membre de sa famille, s'il refuse obstinément de remplir ses devoirs ou s'il chôme sans motif et contre la volonté du patron pendant tout un jour ouvrable.

c) S'il compromet par son imprudence et malgré les avertissements qui lui sont donnés la sécurité de la maison ou de l'établissement.

d) S'il est condamné à une peine privative de la liberté pour plus de trois jours.

e) S'il est incapable d'exécuter le travail qu'il a entrepris suivant son contrat.

f) S'il est atteint d'une maladie répugnante et contagieuse.

g) Si en abusant de la confiance de l'entrepreneur, il préjudicie aux intérêts de l'établissement.

h) Si le commis fait sans autorisation de son chef des actes de commerce, soit pour son compte, soit pour le compte d'autrui.

Article 95. L'ouvrier peut se retirer immédiatement et sans dénonciation :

a) Si le patron, son représentant ou ses proches se livrent à des voies de fait envers lui ou les membres de sa famille ou commettent un outrage contre lui ou les membres de sa famille.

b) Si le patron ne remplit pas les obligations du contrat.

c) Si, dans le cas où il travaille à la pièce, le patron n'est pas en mesure de lui donner sans interruption du travail.

d) Si sa santé ou sa vie sont compromises en cas de continuation de travail.

e) Si le patron, ses représentants ou leurs proches l'excitent ou excitent les membres de sa famille à des actes immoraux ou contraires aux lois.

Italie.

L'article 1628 du Code civil de 1865 est la traduction exacte de l'article 1780 du Code civil français. Il n'y a donc actuellement aucune loi réglementant le contrat de louage de travail.

Mais une commission a été instituée près du ministère de la justice, par décrets ministériels des 2 septembre et 20 octobre 1893 et 5 et 7 janvier 1894, dans le but d'étudier et de proposer les modifications à introduire dans le droit en vigueur en ce qui concerne les contrats agraire et de travail (1).

Russie.

La « loi contenant les dispositions générales concernant le louage de services des ouvriers de fabrique, règlant les rapports entre patrons et ouvriers et instituant l'inspection

1. *Gaz. uff.*, n⁰ 211 et 259 des 7 sept. et 3 nov., n⁰ 10 du 12 janvier,

des fabriques » a été promulgée le 3/15 juin 1886. Elle a été modifiée sur quelques points par la loi du 8/20 juin 1893.

Ces lois ont été insérées dans le Code d'industrie.

Selon l'article 92 de ce Code, les engagements des ouvriers de fabrique doivent être constatés par écrit ou par la remise aux ouvriers d'un livret contenant la reproduction exacte de toutes les conditions du louage (art. 7 de la loi).

Le contrat se fait, soit pour un temps déterminé (1), soit pour une entreprise déterminée, soit pour une durée indéterminée (art. 9 de la loi et 94 du Code).

Dans ce dernier cas, chaque partie peut rompre le contrat en prévenant l'autre deux semaines d'avance (art. 10 de la loi 95 du Code).

De même, le patron ne peut modifier les clauses du contrat sans prévenir dans le même délai. De leur côté, les ouvriers ne peuvent, avant l'expiration du contrat, réclamer des modifications (art. 12 de la loi, 97 du Code)

L'article 51 du Code pénal, punit les contrevenants à toutes ces dispositions : d'une amende de 100 à 300 roubles sans préjudice des dommages-intérêts s'il sont patrons et, s'il sont ouvriers, d'un emprisonnement pouvant aller jusqu'à un mois.

L'exposé des motifs de la loi déclare que cette pénalité, quoique en contradiction avec le caractère des engagements qui résultent de la libre volonté des parties, a été jugée nécessaire, parce que, si la stricte exécution du contrat de louage par les ouvriers de fabrique n'était pas garantie, il en pourrait résulter de graves inconvénients au point de vue de l'ordre public.

1. La loi fixe un maximum de 5 ans. En pratique l'engagement est fait pour un an au maximum.

Si le délit est commis pour la troisième fois, ou si, commis pour la première fois il a pour conséquence une agitation ouvrière suivie de troubles et de violences ayant nécessité pour leur répression des mesures spéciales, le chef de la fabrique est passible d'un emprisonnement pouvant aller jusqu'à 3 mois, et, en outre de la privation pendant deux années du droit de gérer des fabriques (art. 1352 du Code pénal).

La paie doit avoir lieu au moins deux fois par mois, et l'ouvrier non payé a le droit de demander en justice la résolution du contrat dans l'espace de trois mois. Si sa demande est admise, il lui est adjugé une indemnité égale à deux semaines de salaires (art. 12 de la loi, 97 du Code).

Le contrat prend encore fin : par le renvoi d'un ouvrier sur l'ordre des autorités administratives, le refus des autorités de renouveler son passeport, le chômage pendant trois jours consécutifs, la mauvaise conduite ou l'insolence de l'ouvrier lorsqu'elles constituent un danger pour la personne ou la propriété du patron, une maladie infectieuse de l'ouvrier, l'emprisonnement de l'ouvrier pendant une durée rendant impossible l'exécution du contrat, son entrée au service militaire, son élection à une fonction publique, l'interruption prolongée des travaux dans l'usine à la suite d'incendie, inondation, explosion et autres accidents malheureux.

L'ouvrier congédié a le droit de porter plainte devant le tribunal et peut obtenir une indemnité, mais l'action se prescrit par un mois.

L'ouvrier, d'autre part, peut demander la résiliation immédiate : lorsque l'un des membres de sa famille décède ou est appelé sous les drapeaux, si ce membre fournissait des moyens d'existence à la famille ; lorsque le patron le maltraite en parole ou en action ; lorsque le patron n'observe pas les conditions relatives à la nourriture et au logement, ou lui demande des travaux portant atteinte à sa santé (articles 13, 19, 20, 21, de la loi de 86, et 98 à 106 du Code d'industrie).

Suède et Norvège.

La loi en vigueur est celle du 18 juin 1864 suivant laquelle l'industriel ou le commerçant qui engage à son service un auxiliaire ou un ouvrier, doit faire un contrat en présence de témoins. Ce contrat détermine exactement les conditions du travail et ne peut être conclu que pour trois ans au minimum.

Suisse.

Les lois règlementant le contrat de travail sont : la loi fédérale du 23 mars 1877 sur le travail dans les fabriques, et le Code fédéral du 14 juin 1881.

Le titre onzième du Code est intitulé : *du louage de services.* Les dispositions de ce titre sont les suivantes :

Le louage de services est un contrat par lequel l'une de^s parties s'oblige envers l'autre à certains services personnels moyennant rénumération. Même à défaut de stipulation expresse, une rénumération est due par celui qui s'est fait promettre des services lorsque, eu égard aux circonstances, il ne pouvait les supposer gratuits (article 338).

Lorsque la durée du contrat n'est déterminée ni par la convention ni par le but en vue duquel les services ont été promis, chacune des parties peut renoncer au contrat en observant les délais fixés par la loi ou par l'usage. A défaut de loi ou d'usage le contrat peut être résilié, pour la fin de chacun des trimestre de l'année civile (31 mars, 30 juin, 30 septembre, 31 décembre), moyennant un congé donné au moins six semaines à l'avance.

Si les services n'ont pas commencé exactement avec le trimestre, le congé peut être donné à la fin du trimestre suivant (art. 343).

L'article 344 crée un délai spécial d'avertissement de trois jours pour les ouvriers et domestiques pendant les deux premières semaines de services, considérées comme temps d'essai.

En ce qui concerne les ouvriers de fabrique, l'article 9 de la loi de 1887 décide que le congé peut être signifié de part et d'autre le jour de paie ou le samedi, mais avec un avertissemement de 14 jours au moins. Ce délai ne peut être prolongé au delà du terme légal par le règlement, à moins de conventions entre les parties.

Tout patron de fabrique est tenu d'établir un règlement sur l'organisation du travail, la police de l'atelier, les conditions d'admission et de sortie, le paiement des salaires, les amendes (art. 7). Ce règlement est homologué par le Gouvernement cantonal après que les ouvriers ont émis leur opinion sur ses prescriptions (art. 8).

Le Gouvernement cantonal veille à ce que les règlements d'atelier ne contiennent rien de contraire aux lois ou aux bonnes mœurs.

OUVRAGES A CONSULTER

Aubry et Rau. Droit civil français, Paris, 1875, t. IV.
Audiganne. Ouvriers d'à présent, Paris, 1865.
Babeau. Les artisans et les domestiques d'autrefois, Paris, 1885.
Barberet. Le travail en France, Paris, 1886.
Bellom. Etude sur la loi allemande relative à l'industrie, Paris, 1891.
Bellom. La loi allemande sur les tribunaux industriels, Paris, 1891.
Bénard. Le livret des ouvriers, Paris, 1867.
Bernard. Les conditions du travail et les grèves récentes à Marseille
    Paris, 1884.
Blanc. Bibliographie des corporations ouvrières avant 1789, Paris,
    1885.
Bonnassieux. La question des grèves sous l'ancien régime, Paris,
    1882.
Bry. Cours de législation industrielle, Paris, 1895.
Boileau (Etienne). Livre des Métiers, édition Depping, Paris, 1837.
Braun. Arbeiterschutzgesetze, Tubingen, 1890.
Cellier (du). Histoire des classes laborieuses, Paris, 1859.
Chambre de commerce de Reims. Délibération, Reims, 1890.
Chaptal. L'industrie française, Paris, 1819.
Clamageran. Louage d'industrie, Paris, 1856.
Cochin. Les ouvriers européens, Paris 1856.
Colmet de Santerre. Droit civil français, t. VII, Paris, 1884.
Commission des conseils de Prudhommes et livrets d'ouvriers. Déli-
    bération sur la question des livrets, Paris, 1869.
Cornil. Louage de services, Paris, 1895.
Courcy (de). Le droit et les ouvriers, Paris, 1886.
Courmeaux. Situation des classes ouvrières au moyen-âge, Paris,
    1846.
Depping. Ordonnances relatives aux métiers, Paris, 1837.

Despeisses, Du louage, édition Rousseaud de la Combe, Lyon, 1750.

Dietz. Vertragsbruch im Arbeits und Dienstverhältniss, Berlin, 1890.

Ducarre. Rapport sur les conditions du travail en France, Paris 1877.

Duranton. Cours de droit français, t. XVII, Paris, 1825.

Fagniez. Etudes sur l'industrie et la classe industrielle en France au XIII° et au XIV° siècles (Bibl. de l'Ec. des Hautes Etudes), Pa.is, 1877.

Fagniez. L'industrie en France sous Henri IV. Nogent le Rotrou, 1883.

Fenet. Travaux préparatoires du Code civil, t, XIV, Paris, 1836.

Fougerousse. Patrons et ouvriers, Paris, 1880.

Foxwell. Claims of labour, Edimbourg, 1886.

Gérando (baron de). Progrès de l'industrie, Paris, 1841.

Gibon. Grève de Carmaux, Paris, 1893.

Gomel. Suppression des livrets d'ouvriers, Paris, 1883.

Glasson. Le code civil et la question ouvrière, Paris, 1886.

Guillouard. Traité du louage, Paris, 1885.

Guyot. Répertoire universel de jurisprudence, Paris, 1785.

Houyvet. Louage de services, Nancy, 1895.

Hubert-Valleroux. Contrat de travail, Paris, 1895.

Knauer. Ueber Bestrafung des Arbeitsvertragsbruch, Leipzig, 1874.

Laffemas dit Beausemblant. Règlement général pour dresser les manufactures en ce royaume et couper le cours des draps de soye et autres marchandises qui perdent et ruinent le royaume, Paris, 1597.

Laurent. Principe de droit civil, t. XXV, Bruxelles et Paris, 1878.

Le Play. La réforme sociale en France, Paris, 1867.

Le Play. Organisation du travail, Tours, 1870.

Levasseur. Histoire des classes ouvrières en France, Paris, 1859.

Lindner. Die Pensions Institute, Berlin, 1883.

Mancel. Journal d'un bourgeois de Caen, Caen et Paris, 1848.

Monteil. Histoire de l'industrie française et des gens de métier, Paris, 1878.

Paris (comte de). Situation des ouvriers anglais, Paris, 1873.

Picot. Moyens d'améliorer la condition de l'ouvrier, Paris, 1891.

Pothier. Du louage, Paris, 1766.

Poulot (D. P.). Le Sublime, Paris, 1872.

Rapport sur le nouvel ordre de récompense à l'Exposition de 1867. (Rapports du jury international de l'Expos. de 1867, t. I), par A. Leroux.

Recueil des rapports sur les conditions du travail dans les pays étrangers, adressés au ministre des affaires étrangères, Paris, 1890-91.

Recueil des règlements généraux et particuliers concernant les manufactures et fabriques du royaume, Paris, 1730.

Robert. La suppression des grèves, Paris, 1870.

Robert. Participation aux bénéfices, Paris, 1890.

Rozières. Histoire de la Société française au moyen-âge, Paris 1880.

Saleilles. Essai d'une théorie générale de l'obligation d'après le Code civil allemand, Paris, 1890.

Sauzet. Le livret obligatoire, Paris, 1890.

Soldan. Code fédéral des obligations, Lausanne, 1881.

Smith. Les coalitions et les grèves, Paris, 1886.

Thomson. Conditions du travail en Danemark, Nancy, 1891.

Valbert. Une correspondance de Frédéric Bastiat (*Rev. des Deux Mondes*, 1878).

Villermé. Rapport sur l'état physique et moral des ouvriers (Mémoires de l'Acad. des sc. mor. et pol., 2e s. t. II).

Vinçard aîné. Histoire du travail et des travailleurs en France, Paris, 1845.

Young. Voyage en France, en 1787, 1788, 1789, Paris, 1860.

Annuaire de législat. étrangère. Loi anglaise de 1875, t. V, p. 173.

           Loi allemande de 1883, t. XIII, p. 157.

           Loi allemande de 1891, t. XXI, p. 167.

           Loi russe du 3 juin 1886, t. XVI, p. 637.

Association catholique. *Coalitions et grèves*, par J. Bourgeois, t. V, p. 777.

   Permanence des engagements, par Cheysson, t. I.

   Les ouvriers et les réformes nécessaires, par Cheysson, t. V. p. 506.

Annales de droit commercial, article de M. Sauzet, 1891, p. 49.

Revue d'économie politique : art. de M. G. Dubreuil, 1892, p. 1317.

   Essai historique sur la législation industrielle, par M. Sauzet, 1892, p. 353.

   Les formes d'industrie, par M. Bucher, 1892.

Revue critique. *Le droit de congé dans le louage de service*, par M. Mongin, 1893.

Recueil des procès-verbaux des séances du comité central des chambres syndicales, 1891.

Laval. — Imprimerie E. JAMIN, 8, rue Ricordaine.

www.ingramcontent.com/pod-product-compliance
Ingram Content Group UK Ltd.
Pitfield, Milton Keynes, MK11 3LW, UK
UKHW021128220726
13924UKWH00004B/1956